澤野義一 著 Sawano Yoshikazu

脱原発と平和の憲法理論

日本国憲法が示す平和と安全

法律文化社

はしがき

　本書は、目次の構成から明らかなように、①原発に関する憲法・人権論（第Ⅰ部）、②集団的自衛権容認を中心とする安全保障論批判と対案としての永世中立論（第Ⅱ部）、③安全保障政策と改憲論（第Ⅲ部）という３つのテーマについて憲法理論的に検討するものである。いずれも、現安倍政権がかかげる「積極的平和主義」の下で密接に関連する焦眉の問題であるが、②と③は筆者が従来から継続的に検討してきているテーマである。それに比べて、①は新しく問題提起するテーマであることから、その特色を強調するために、本書のタイトルは『脱原発と平和の憲法理論―日本国憲法が示す平和と安全―』と題している。

　筆者は、これまで『平和主義と改憲論議』（法律文化社、2007年）と『平和憲法と永世中立』（法律文化社、2012年）において、そのときどきに論議された平和憲法に関連する諸問題を検討するだけでなく、対案となる憲法論や政策も提示してきたが、それ以降も、政府の安全保障政策の動向や改憲問題について継続的に検討してきた。それに関する論稿を収録したのが、②と③である。

　③では、特に民主党政権下の安全保障と憲法論も立ち入って検討しているのは、現安倍政権に継承されていくような側面の憲法論的な考察もしておかなければならない歴史的意味があるからである。

　②に関する本書の特色としては、これまであまり検討されてこなかった集団的自衛権論に対する憲法論的検討を行っていることと、集団的自衛権行使容認論に対しては従来の政府見解に依拠する批判だけでは不十分で、集団的自衛権自体の否定論（放棄論）を提案していることと、集団的自衛権（制度）否定論に代わる対案として、持論の永世中立論とそれに基づく北東アジアの平和構想を提示している点である。

　①については、2011年３月の福島原発事故をきっかけに、原発に関する憲法論として、脱原発を指向する原発違憲論を提唱した論稿を収録している。これ

まで、原発に関する憲法論が不在であった状況で、筆者が市民による「原発を裁く民衆法廷」運動に理論的にかかわる中で、平和憲法との関連性も重視して考察したものである。また、原発の差止めを容認するような判決（大飯原発・福井地裁）も出てきたことから、原発の人権論として、「生命権的人格権」（筆者の造語）の意義と課題について考察する論稿も掲載している。

なお、本書の序章では、①～③を憲法論的に考えるさいの指針となる諸外国の平和と安全保障に関する憲法条項を概観している。日本の平和憲法との特色を比較憲法論的に考えるさいに参考になると思われる。本書収録論文の「初出論文」一覧については、下記に明示しておく。

【初出論文一覧】

はしがき　書き下ろし

序　章　各国憲法の平和・安全保障方式と世界平和樹立の課題
　　　　　※憲法研究所・上田勝美編『平和憲法と人権・民主主義』法律文化社、2012年10月

第1章　原発と憲法―原発違憲論の考察―
　　　　　※大阪経済法科大学21世紀社会研究所紀要4号、2013年3月

第2章　原発に関する生命権的人格権論の意義と検討課題
　　　　　―大飯原発・福井地裁判決に関連して―
　　　　　※書き下ろし

第3章　憲法の「歴史的発展」史観に立つ憲法9条と永世中立論の再考
　　　　　※杉原泰雄・樋口陽一・森英樹編『戦後法学と憲法』（長谷川正安先生追悼論集）、日本評論社、2012年5月

第4章　集団的自衛権と永世中立―日本国憲法9条との関係での考察―
　　　　　※豊下楢彦・澤野義一・魏栢良編『北東アジアの平和構築』大阪経済法科大学出版部、2015年3月

第5章　民主党政権下の憲法政治の憲法的検討
　　　　　※龍谷法学44巻4号、2012年3月

第6章　安倍政権の改憲戦略と安全保障政策の検討
　　　　　※大阪経済法科大学法学論集、2015年1月

第7章　自民党憲法改正草案の検討
　　　　　※大阪経済法科大学法学論集、2014年3月

はしがき

　このような本書を現在刊行する背景と意義および課題については、現安倍政権下の次のような憲法情勢に対する批判的検討と憲法理論の提示が必要と考えるからである。

　第3次安倍政権を担うことになった安倍首相は、2015年1月5日の年頭記者会見において、「積極的平和主義」の下で世界の平和と安定に貢献していくことと、歴史認識に関する歴代内閣の立場を全体として引き継いで平和国家としての歩みを進めていくことを指針に、70年安倍談話の発表、安保法制整備、原発再稼働、憲法改正のほか、アベノミクスなどの大胆な諸改革を行っていくと述べた。また、2月12日の首相施政方針演説において、安定した政権下で日本を取り戻すための戦後以来の大改革を断行するとして、外交・安保においては「あらゆる事態に切れ目のない対応」を可能とする安保法制整備、積極的平和主義による世界平和への貢献、日米同盟を基軸とする外交・安保などを推進していくと述べ、憲法改正に向けた国民的な論議を深めていくことも呼びかけた。

　安倍首相は、これらの記者会見と施政演説において、戦後70年目にして日本の平和憲法（国家）を否定する、念願の「戦後レジームからの脱却」を改めて宣言したものといえよう。それは、改憲議席を有する国会の状況（小選挙区制による虚構の多数）と安定政権のチャンスを生かし、日米同盟の深化・グローバル化の要請を背景に「戦争ができる国家」と新自由主義政策（規制改革・反福祉国家）を指向する意図に基づいている。

　「自民党改憲草案」は、そのような政策を正当化する内容で構想されているが、簡潔にいえば次のような特色を指摘できる。①憲法の3大原則（国民主権、平和主義、基本的人権尊重）などの否定による憲法改正限界を逸脱する反立憲主義。②天皇中心国家、公益による人権制限、国民義務の増設などによる新保守主義。③経済活動の徹底自由化と社会権軽視による新自由主義。④自衛権明記、海外派兵の容認、平和的生存権の否定、国民の戦争協力などの軍事的「平和主義」と、それに関連する緊急事態条項の新設。⑤首相の権力強化、議会制の軽視、国に対する地方の協力などの新国家主義。⑥環境権などの新しい権利の新設、などである。

この改憲草案を一挙に改憲提案することは困難なことから、これまで96条改憲（改正手続緩和）の先行が試みられたが国民の支持を得られなかった。9条改正論も恒常的に支持されてきていない。しかし、今後の明文改憲のスケジュールとしては、自民党議員の中から、2016年夏参院選後に国会で改憲を発議し、国民投票を行うという見解が提案されている。そのさい、9条改正は2回目以降の改憲発議とし、1回目は環境保護、緊急事態、財政健全化の3条項の新設を優先すると述べられている。

　その一方で、明文改憲が困難なことから、特に9条改正については解釈改憲（行政運用や立法による改憲）によって行おうとしている。例えば、集団的自衛権行使容認等の閣議決定とそれに基づく安保法制整備、国家安全保障会議設置法による国家安全保障戦略策定や新防衛計画の閣議決定、軍事情報等の特定秘密保護法制定、武器輸出3原則撤廃の閣議決定、他国軍支援のためのODA大綱改定閣議決定などである。しかし、これらは違憲無効の閣議決定や立法である。とりわけ、2014年7月1日の集団的自衛権行使容認等の閣議決定とそれに基づく安保法制整備の具体化をめぐって、2015年5月以降、野党が厳しく批判する形で国会審議が行われているが、安全保障関連法案の違憲性が明白（2015年7月9日付『東京新聞』や同年7月11日付『朝日新聞』調査では圧倒的多数の憲法学者は違憲論）である以上、同法案は今後たとえ成立したとしても、閣議決定とともに撤回されるべきものである（これに関する違憲訴訟もありうる）。

　安倍政権の原発政策については、福島原発事故の原因と責任を明確にしないで、原発の再稼働や海外輸出を行おうとしているが、原発再稼働については国民の多数が反対している状況下で、原発の存在や稼働の問題を原発被害の観点だけでなく、さらに進んで平和憲法や日米同盟などとの関連においても問題があることを明らかにしていくことが必要である。また、福島原発事故が発生するまでは、原子力の軍事利用（核兵器の製造・保有・使用など）に対する違憲性については議論がなされてきたが、平和利用（原発の商業・電力利用）に対する違憲性についての論議は、平和憲法擁護論者からもほとんどなされてこなかった。それは、平和運動においては、核兵器廃絶運動には熱心に取り組むが、原発廃止運動を敬遠するという事態をもたらしてきた。そこには、原子力基本法

はしがき

(1955年)により、原発が国民の生活水準の向上や平和目的に寄与し、民主・自主・公開の3原則を遵守して運用されるものとして容認されてきた背景がある。しかし、今後は原子力基本法自体の違憲性の検討や、核兵器廃絶と脱(反)原発運動の一体的追求が必要である。本書第2章は、この課題について考察している。特に読者の批判的な検討を請うところである。

なお、原発（稼働）と集団的自衛権（行使）に関するテーマは、安倍政権にとって重要課題であるが、それに対し本書は、筆者の持論である（非武装）永世中立論の視点からの批判と対案提起を行っている。これが本書の底流にある平和の憲法理論（思想）であることも、念のため明らかにしておきたい。

最後に、本書の出版にあたり、法律文化社の小西英央氏にお世話になり、感謝申し上げる次第である。

2015年7月中旬

澤野義一

目　次

はしがき

序　章　日本国憲法の平和主義と各国憲法の平和・
　　　　安全保障方式 ……………………………………… 1

　　　Ⅰ　はじめに　　Ⅱ　日本国憲法の平和主義の特質　　Ⅲ　各国憲法の平和・安全保障方式　　Ⅳ　日本の平和主義憲法による世界平和樹立の課題

第Ⅰ部　原発に関する憲法・人権論
――脱原発による平和と安全――

第 1 章　原発に関する憲法論の不在と違憲論の提唱 ……… 15

　　　Ⅰ　はじめに　　Ⅱ　原発違憲論に関する従来の議論状況　　Ⅲ　原発の違憲性（その 1）――憲法の基本理念侵害および人権侵害の違憲性　　Ⅳ　原発の違憲性（その 2）――憲法 9 条侵害の違憲性　　Ⅴ　原発違憲論提唱の今日的意義と課題

第 2 章　原発に関する生命権的人格権論の意義と検討課題 … 41
　　　　――大飯原発・福井地裁判決に関連して――

　　　Ⅰ　はじめに　　Ⅱ　原発と生命権的人格権論――大飯原発・福井地裁判決の意義　　Ⅲ　生命権的人格権に関する先例　　Ⅳ　生命権的人格権論の検討課題（その 1）――生命権論および平和的生存権論との関連で　　Ⅴ　生命権的人格権論の検討課題（その 2）――原発違憲論との関連で

目 次

第Ⅱ部 憲法9条が示す平和と安全保障
──集団的自衛権体制から永世中立へ──

第3章 憲法9条の平和・安全保障としての永世中立論 ……65
──憲法の「歴史的発展」史観に依拠する平和論に即して──

Ⅰ　はじめに　Ⅱ　マルクス主義憲法論と永世中立論　Ⅲ　田畑忍の憲法論と永世中立論　Ⅳ　おわりに

第4章 集団的自衛権論批判と永世中立による平和・安全保障構想 ……80
──憲法9条との関係で──

Ⅰ　はじめに　Ⅱ　集団的自衛権の概念と評価　Ⅲ　憲法学説における集団的自衛権論の現況　Ⅳ　政府の集団的自衛権見直し論とその問題点　Ⅴ　憲法9条と集団的自衛権および永世中立　Ⅵ　永世中立（論）の活用による北東アジアの平和・安全保障構想

第Ⅲ部 日本の安全保障政策と改憲論
──民主党政権と安倍政権下の動向──

第5章 民主党政権下の憲法政治の憲法論的検討 ……105

Ⅰ　はじめに　Ⅱ　安全保障政策　Ⅲ　原発政策　Ⅳ　議会制民主主義──国会議員定数削減論を中心に　Ⅴ　改憲論　Ⅵ　おわりに

第6章 安倍政権の改憲戦略と安全保障政策の検討 ……129

Ⅰ　はじめに　Ⅱ　安倍政権の改憲戦略　Ⅲ　安倍政権の「積極的平和主義」による安全保障政策　Ⅳ　安倍政権の安全保障関連法案　Ⅴ　おわりに

第 7 章　自民党憲法改正草案の検討 …………………………… 157
Ⅰ　憲法改正をめぐる問題状況　　Ⅱ　国民の権利と義務に関する問題　　Ⅲ　国民主権に関する問題　　Ⅳ　平和主義に関する問題　　Ⅴ　改憲論議と立憲主義に関する若干の問題——むすびにかえて

序　章

日本国憲法の平和主義と各国憲法の平和・安全保障方式

I　はじめに

　日本国憲法の「平和主義」の特質を明らかにし、世界平和樹立に向けての平和・安全保障方式を提案していくための研究方法の1つは、日本と世界各国の「平和憲法」（憲法の平和条項）に関する比較憲法的考察を行うことである。
　この課題について考察するためには、各国の平和憲法の歴史的発展を踏まえ、かつ当該問題に対する論者の分析視角と一定の展望をもつことが要求されるであろう。ここでの留意点としては、まずは日本国憲法の平和主義を比較憲法論的にみれば、世界的には最も徹底した平和憲法であるとの視点に立って、各国の平和憲法の類型化と評価を行う。また、各国の平和憲法を評価する場合、憲法の平和条項の評価を形式的に行うのではなく、その条項の現実的運用や機能についても考慮するように努める。そして、世界平和樹立に関する日本の「平和主義憲法」の課題については、憲法9条を中心とする平和憲法の世界化と、安全保障としての非武装永世中立政策が追求されるべきだという展望をもっている。[1]この観点からは、非武装永世中立政策を追求する憲法的根拠を奪ってしまう憲法9条を中心とする憲法改正（改悪）論は歴史に逆行するものであり、支持することはできない。[2]
　なお、本章の考察にとって参考となる先行業績はいくつかあるが、冷戦崩壊以前の憲法を前提にしているものは今日的には古くなっている部分がある。[3]冷戦後改正ないし制定された憲法を踏まえている論稿についても、憲法的な資料

だけでなく評価についても必ずしも十全とはいない[4]。このような点についても具体的に補充される必要があるが、今後の検討課題にしておきたい。

II 日本国憲法の平和主義の特質

1 平和主義憲法の特質

世界の憲法に対して日本国憲法の平和主義は、比較憲法論的にみれば、戦争と軍備についての全面放棄を定める最も徹底した平和憲法であることから、日本では、「絶対平和主義憲法」とか「世界で唯一の平和憲法」と称されることがある。また、日本国憲法についてのみ「平和憲法」の呼称を与える論者もみられる。しかし、広義にとれば、あるいは比較憲法論的には、限定的な戦争放棄を定める憲法であってもこれを「平和憲法」と称することは許されるであろう。M・ゲツェヴィチは、すでに1930年代の論文において、平和の国際法である国際連盟規約や不戦条約を憲法規定に受容したスペイン憲法（1931年）などを「平和憲法」（droit constitutionnel de la paix；英語では Peace Constitution に相当）と名付けている[5]。

そうすると、日本の「平和憲法」を外国の「平和憲法」と区別するために、特に「平和主義憲法」（Pacifist Constitution）と呼ぶことも可能ではなかろうか。「平和主義」については、日本国憲法では憲法の基本原理の１つになっているが、各国憲法ではまだそのような位置づけになっていないと思われるからである。この点については、日本国憲法と各国憲法の根本にある思想的相違を「平和主義」（パシフィズム）と「平和愛好主義」（ピース・ラビィング・ポリシー）に峻別する田畑忍の見解が一応参考になる。それによると、「平和主義」は無抵抗主義を含む絶対非戦主義なのに対し、「平和愛好主義」は、侵略戦争等の一部戦争を否定する現段階の国際法に相応する各国憲法にみられるものであるが、「世界平和の実現を所期しながら、戦争を全面に放棄するものではなく、また必ずしも軍備または戦力を放棄するものではなく、必要によっては、かえって武力を行使し、もしくは戦争を遂行することを辞さない」ものである[6]。

なお、「平和主義」（pacifism）の用語については、1901年の第10回世界平和

会議（グラスゴー）で用いられたとされているが、「平和主義」の意味については、暴力としての一切の戦争を否定するが、一般的には「非暴力抵抗」（田畑説のような「無抵抗主義」に限定されない）までも否定するわけではない。

2 平和主義憲法に対する異説

上記のような日本国憲法の平和主義の評価に対しては、異論もみられる。その1つは、「リベラルな立憲主義」論に基づいて「温和な平和主義」を唱える長谷部恭男説は、多元的価値の共存をはかろうとする「立憲主義」の視点から、「絶対平和主義」といった特定の価値（善き生き方）を憲法解釈として一義的に導き出すことはできないとし、非武装主義や非暴力主義を否定し、一般世論の常識からも受容されそうな「公共財としての最小限防御力」を容認している。しかし、この説は、憲法9条を中心とする平和憲法の規定に即した解釈論というよりは、独自の「立憲主義」と平和論に基づく平和と安全保障論である。例えば、警察力と異なるはずの最小限防御力がなぜ「公共財」というような価値中立的な性格をアプリオリに与えられるのかといった疑問がある。それは、防衛力のもつイデオロギー性や階級性を捨象することになるし、改憲論との関係では、改憲・護憲のいずれの正当化論にもなりうる。また、長谷部説が、すべての戦争と自衛力を含む武力を放棄する多数説を「絶対平和主義」とみて、それが特定の価値（善き生き方）を国民に押しつけることになるように捉えることは疑問である。多数説は平和思想的には宗教的な絶対非戦論に依拠しているとは限らず、自由主義的・功利主義的な観点からも支持されうるからである。むしろ多元的価値からも多数説は存立可能なのではなかろうか。

平和主義憲法に対する異説のもう1つは、現代の世界の多くの憲法には「なんらかの形で平和主義規定が設けられて」おり、「平和主義憲法は、日本だけの独占物ではない」として、日本国憲法を「世界で唯一の平和主義憲法」とみる主張や、「日本だけが平和主義憲法をもっている」とする主張に疑問を呈する西修説がある。この説では、非核や外国軍事基地否認条項を明記するフィリピン憲法などの方が日本国憲法より徹底した平和主義とされる。西説の前提には、「平和主義」は平和を守るために必要最小限の武力保持を伴うものとされ

ており、憲法9条の解釈論としては、自衛のための戦争と戦力を肯定する芦田均・佐々木惣一説（政府見解とも異なる少数説）が正しいとされている。したがって、このような解釈に適合するように憲法9条の改正を唱える改憲論に立脚している。西の各国憲法の平和条項の比較憲法的研究は、かなり詳細であり有益ではあるが、その立脚点以外にも賛同しえない点がある。第1に、筆者の提案している「平和憲法」と「平和主義憲法」の用語の区別がなされていない。第2に、憲法9条の芦田説的解釈論の疑問とともに、非核や外国軍事基地否認の意味が憲法9条に含まれていないからフィリピン憲法などの方が平和主義だとする解釈論には疑問がある。憲法9条の非武装主義には非核や外国軍事基地否認の意味が含まれていると解されるからである。第3に、フィリピンの「平和憲法」を日本国憲法より徹底した平和主義と評価することに疑問がある。というのは、フィリピン憲法では、自衛の戦争と軍隊保持、国家緊急権などが規定されおり、外国軍事基地否認条項についても条件付きであり、軍事同盟締結は禁止しておらず、実際に米軍との軍事同盟的内容の条約が締結されている。

3　平和主義憲法の内容

　日本国憲法が単なる「平和憲法」でなく「平和主義憲法」と称されるのは、第1に、憲法規定をみる限り、明治憲法と異なり、戦争と軍事に関する事項を想定しうるものが全くないということである。すなわち、憲法前文では、恒久平和主義、平和的生存権保障、国際協調主義が宣言され、憲法9条で、全面戦争放棄、紛争の非武力的解決、軍事力および交戦権の完全放棄が規定されている。文民規定により、軍事にかかわる者の大臣資格が禁じられている。その他、宣戦講和規定、国家緊急権規定、兵役義務およびそれに対する良心的兵役拒否権規定、軍法裁判所規定なども存在しない。

　第2に、憲法制定過程審議などの多数意見からも、日本国憲法は上記のような「平和主義憲法」とみられていたといえる。

　第3に、冷戦後の1990年代以降、特に2000年前後から、改憲論との対抗を意識して、憲法9条を擁護し世界に広める様々な形の平和運動が内外で展開され

るようになったことは、憲法9条に平和主義の世界的な先進性が認められるからであろう。平和運動において、各国の「平和憲法」の中ではコスタリカ憲法（運用も含め）も注目されているが、最も注目され、世界に広めようとされているのは憲法9条であるといえる。

　以上のように、日本国憲法は規定上は「平和主義憲法」であるにしても、しかし実態的には、1950年代以降の政府による再軍備と日米安保体制の強化による違憲の憲法運用と、それを正当化する憲法解釈が行われていることは指摘しておかなくてはならない。国際平和協力を名目とする自衛隊の海外派兵が展開され、最小限自衛のための核兵器保有合憲論までもが正当化されているのが現実である。

Ⅲ　各国憲法の平和・安全保障方式

　各国憲法の平和条項をどのような項目を立てて類型化し、評価していくかは論者によって異なりうるが、ここでは「はじめに」で提示した視点から、以下のような項目に沿って考察する（紙数の都合で、関係する各国憲法の条項や国名記載は極力割愛する）。

1　国際平和推進の理念の提示

　第2次大戦前の「平和憲法」では、「戦争放棄」の表現に比べると「平和」の表現はあまり使用されていないが、大戦後の憲法の多くは、前文ないし本文において、「国際平和への協調」「世界平和への貢献」「平和外交政策の実施」など表現は多様であるが、国際平和推進を目指す一般的・抽象的理念を掲げている。これは国連憲章の理念を反映したものといえよう。各国憲法の中でも、とりわけ全世界の国民の平和的生存権を確認する日本国憲法前文の国際平和推進に対する理念の提示は詳細でユニークである。それはともかく、国際平和推進の具体的な実現方法は、各国の個別の憲法規定と運用によって異なる。

2 戦争放棄

　日本国憲法は全面的に戦争放棄しているが、各国憲法は現在においても限定的戦争放棄（侵略戦争放棄）にとどまり、自衛権に基づく自衛戦争を容認している（現代国際法で「戦争」概念は建前では否定されている）。世界最初の侵略戦争放棄は1791年フランス憲法（表現は「征服戦争放棄」であり1946年憲法も踏襲）であるが、国際社会で一般的に承認されるのは1928年の不戦条約においてである。同条約では、国際紛争解決のための戦争と国家の政策の手段としての戦争放棄、紛争の平和的手段による解決が規定された。この規定にある「国家の政策の手段としての戦争放棄」という表現は、1931年のスペイン憲法や第2次大戦後のフィリピン憲法などで採用されている。第2次大戦後は、侵略戦争の禁止という表現を使用する憲法（ドイツ、韓国など）もある。その他「国際紛争解決のための戦争放棄」という表現（イタリアなど）もみられるが、日本国憲法をこのようなものとして解釈すること（西説など）は、自衛戦争を容認することになり疑問である。憲法9条の「国際紛争を解決する手段としては」の文言は、武力の威嚇と行使の放棄にのみ関係し、戦争放棄に関係していない。戦争放棄は無条件に全面的に放棄する規定になっている。憲法9条を不戦条約と同じものとみることは適切ではない。なお、国際紛争解決の手段として戦争以外の武力行使などを禁止する憲法（日本、ウズベキスタンなど）は、国連憲章を反映したものである。

3 国際平和協調と主権移譲・主権制限

　第2次大戦後、国際紛争解決の手段としての戦争や武力行使を否定し、国際平和協調の具体化として国際機構への主権移譲（ドイツ）ないし国家相互の主権制限（イタリア、フランス）を規定する憲法が登場する。しかし、それは軍事的な安全保障機構や海外派兵などへの参加を正当化する機能も果たしている。近年では憲法改正により、欧州連合への主権や権限移譲（スウェーデン、フランスなど）、あるいは国連平和維持活動参加（ハンガリーなど）を明記する憲法もある。オーストリアは欧州連合の共通の外交と安全保障政策に参加する規定を導入する憲法改正を行ったが、NATOとの「平和のためのパートナーシップ」

協定（国防計画の透明性や人道援助活動などを目的とする軍事的協力）などを正当化するものである。そこで、永世中立を厳格に擁護する立場からは、当該規定が同国の永世中立を否定することになるとの批判もなされている。[14]

4 軍備の保持と不保持

　日本以外の外国憲法で軍備保持を全面的に禁止したものはない。しかし日本が日米安保の下で世界有数の軍事力を保持しているのとは対照的に、リヒテンシュタイン（1921年）、コスタリカ（1949年）、キリバス（1979年）、パナマ（1994年）のように、有事のさいには再軍備が可能とされているが、平時の常備軍不保持を明記する憲法の下で実態的にも軍備を有しない国もある。また、この4カ国を含め27カ国は事実上軍備を保持していない。[15] もっとも、軍備不保持をカバーするために、ルクセンブルクはNATOに加盟している。パラオは自由連合協定によりアメリカに国防の権限を委ねている。アイスランドは最近まで米軍による防衛に依拠していた。他方、コスタリカのように、米州機構に加盟しつつも非武装永世中立政策をとり、積極的な平和政策を実行している国もある。同国の常備軍不保持型・非武装平和条項は隣国パナマにも採用されるなど、その平和政策を含め、世界的に注目されている。

　平和と安全保障を確保する方法として、非武装平和主義が理想と考えられたとしても、一挙に軍備を全廃し、上記のような非武装平和憲法を制定するには歴史的・政治的諸条件がなければ困難である。そこで国際社会では軍縮を目指して努力をすることが現実的な課題とされてきているし、非同盟諸国では軍縮を政治方針としている。その中には、軍縮を憲法で明記する国もある（旧ユーゴスラビア、バングラデシュ、モザンビーク、東チモール、トルクメニスタンなど）。

5 核兵器保有と原発の禁止

　軍縮の特別なものとして核兵器（その他化学兵器なども含む）の廃絶があるが、1981年のパラオの非核憲法以降、非核条項を定める憲法がみられるようになっている（フィリピン、オーストリア、カンボジア、ベラルーシ、トルクメニスタン、ボリビア、イラクなど）。日本国憲法は当該規定を有しないが非核憲法と解される。

というのは、核兵器保有は憲法9条の戦力不保持規定に反し許されないからである。日本政府は自衛のための核兵器保有合憲論に立っているが疑問である。むしろ、非核3原則などの法制化と世界的な推進に努める責務がある。

　2011年3月11日の福島原発事故を契機に脱原発や反原発が注目されているが、上記のパラオとオーストリア憲法は明確に原発（使用など）を禁止している。放射性物質の貯蔵・使用などの禁止という表現により、実質的に原発ならびに核兵器保有を禁止していると解される憲法としては、ミクロネシア連邦憲法がある。

　日本国憲法は原発を禁止する明文規定を有しないが、現時点で再考すると、原発は放射能汚染によって生命権、幸福追求権、環境権、平和的生存権など様々な人権侵害を引き起こし、潜在的に戦争手段に転用できる違憲の「戦力」ともなりうる点で、日本国憲法に抵触すると解することも可能である。この点については、原発を禁止する明文規定を有しないコスタリカ憲法の下で、原発設置について、同国の最高裁憲法法廷が憲法の平和の価値（非武装永世中立や平和的生存権尊重の理念などを含む）および健全な環境への権利を侵害するとし違憲無効とした判決（2008年）が参考となろう。[16]

6　平和への権利の推進

　平和と人権の不可分性は第2次大戦を契機に世界的に自覚されるようになったが、それは日本国憲法において平和的生存権という表現で確認された。その後1980年前後から国連総会（1978年「平和的生存の社会的準備に関する宣言」など）でも、平和的生存権の固有性が承認されるようになったが、日本国憲法で使用されている完全な戦争と武力放棄を前提とした概念としては用いられていない。しかし、そのような前提に立ちつつも、平和に関する多面的な権利や政策課題を盛り込む「平和への権利」概念をキーワードにして、国連人権理事会では、「平和への権利宣言」を作成する動きなどもある。なお、「平和への権利」の推進をうたっている憲法としてはコロンビア憲法（1991年）やボリビア憲法（2009年）がある。[17]

　平和への権利や平和的生存権の一内容としては、国防の義務に対する良心的

兵役拒否権が含まれるが、良心的兵役拒否権を憲法に明記している国としてはドイツ、スペイン、イタリア、ポルトガル、スイスなどがある。欧州では冷戦後、徴兵の現実性がなくなってきていることを踏まえ徴兵を停止する傾向にあるが、直近ではドイツが2011年立法により徴兵を停止した。他方、韓国など、いまだに良心的兵役拒否権を認めない憲法もある。

良心的兵役拒否権以外に、ボリビア憲法に規定されているような、人道に反する戦争犯罪への対処規定や、非常事態においても人権制限を禁止する規定、あるいはポルトガル憲法にみられるような、戦争犯罪を裁く国際刑事裁判所の裁判権を認める規定なども、平和への権利に関する規定といえよう。このような動きを通じて、従来の「人道としての平和」観が「人権としての平和」観へと発展していくことが期待される。

7 外国軍事基地不設置と中立政策

外国軍事基地設置の禁止を明記している憲法として、オーストリア、フィリピン、カンボジア、モルドヴァ、ウクライナ、トルクメニスタン、エクアドル、ボリビア憲法などがある。エクアドルは米軍基地撤去運動を背景に当該憲法を制定し（2008年）、米軍が撤退した近年の事例である。フィリピン憲法の規定については、上述したように条件付きであり、実際に米軍との軍同盟的内容の条約が締結されている。そこには、外国軍事基地不設置条項だけでは軍事同盟自体が禁止されていないという限界がある。その意味では、オーストリア、カンボジア、モルドヴァ、トルクメニスタンは永世中立規定も有しており注目される。というのは、永世中立は概念的には軍事同盟の締結や外国軍事基地不設置の意味を内包しているからである。

しかし注意しなければならないことは、これらの「永世中立」条項を有する憲法であっても、中立宣言、国際会議あるいは国連によって国際法的にも永世中立が承認されていないと実効性に欠け、遵守されないことにもなるということである。モルドヴァはその例である。

憲法では単なる「中立」条項しか有しないが、スイスやマルタなどは国際的には永世中立国とみられている。ベラルーシも中立規定を有するが、永世中立

国とはみられていないし、中立政策を実行しているともいえない。

　中立政策の一種である「非同盟」を憲法に規定する国として、旧ユーゴスラビア、マルタ、カンボジア、トルクメニスタン、ネパール、モザンビークなどがある。マルタは非同盟と中立を、カンボジアとトルクメニスタンは非同盟と永世中立を規定しているのが特徴的である。ただし「非同盟」については、冷戦下で唱えられた政治的な中立主義であり、永世中立とはちがい、集団的自衛権や軍事同盟締結を禁止していない。また、非同盟諸国間の戦争も行われてきたように、中立政策が不徹底であることに留意しておく必要がある。その意味では、中立政策を徹底させようとする「非同盟・永世中立」は評価できよう。[19]

　なお、コスタリカは憲法には「中立」関連規定はないが、対外的には1983年に永世中立宣言を行い、非武装永世中立政策を実行している。当該政策については、中立主義にすぎないという評価と、国際法的な拘束力を有する永世中立であるとする評価がみられるが、コスタリカの最高裁憲法法廷の判決では後説が採用されている。当説に基づいて、コスタリカ政府によるアメリカのイラク戦争支持声明が違憲無効とされていることは、注目される。[20]

IV　日本の平和主義憲法による世界平和樹立の課題

　日本の「平和主義憲法」を擁護し、それを世界的にも広める意義があると考える立場からみれば、各国の一般的な（いわゆる「普通の国」の）「平和憲法」の現状は評価できないが、「平和主義憲法」の理念に沿うような一部少数国の進歩的な「平和憲法」（条項）は評価できる。例えば、常備軍不保持を規定する憲法、核兵器保有と原発を禁止する憲法、平和への権利に関する規定を有する憲法、外国軍事基地不設置や「中立」（非同盟も含む）ないし「永世中立」を規定する憲法などである。

　しかし、これら外国の「平和憲法」でさえ、日本の「平和主義憲法」を普通の国の「平和憲法」に改正すべきだとする改憲論からすれば、評価に値しないであろう。というのは、当該進歩的な「平和憲法」では、自衛戦争、集団的自衛権行使、軍事同盟締結、海外派兵などについて制約がなされることになるか

らである。「平和への権利」との関係では、普通の国の憲法においては、同権利への否定的傾向と当該権利を制限することになる国家緊急権（規定）の容認傾向があるが、自民党憲法改正草案でも、平和的生存権規定を否定したうえでの国家緊急権の導入が図られている。

　このような歴史的発展の視座を欠く「平和憲法」論からは、世界平和樹立の展望を見出しえない。それに対しては、非武装永世中立を世界に広めることと同時に、「戦争肯定・軍事同盟肯定の国際諸法は、日本国憲法9条にならって、須らく戦争否定の国際法に必ずや速やかに改正」し、「世界各国のすべての憲法に9条同様の平和条項が加えられるべき」ことを唱えていた故・田畑忍の平和憲法論が、依然として国際平和樹立への指針となりうるように思われる。[21]

1) 澤野義一『平和憲法と永世中立』（法律文化社、2012年）第一部参照。
2) 澤野義一『平和主義と改憲論議』（法律文化社、2007年）第一部および第二部、本書第Ⅲ部の改憲論の検討も参照。
3) 田畑忍「憲法における国際平和条項」清宮四郎・佐藤功編『憲法講座1』（有斐閣、1963年）、同論稿を踏まえた憲法研究所編『戦争と各国憲法』（法律文化社、1964年）、深瀬忠一『戦争放棄と平和的生存権』（岩波書店、1978年）150頁以下など参照。
4) 西修『現代世界の憲法動向』（成文堂、2011年）、辻村みよ子『比較憲法　新版』（岩波書店、2011年）251頁以下など参照。
5) M・ゲツェヴィチ（小田滋・樋口陽一訳）『憲法の国際化』（有信堂高文社、1964年）231-232頁、291頁以下。
6) 田畑忍『憲法学講義』（憲法研究所出版会、1964年）55-56頁、113-114頁。
7) 松元雅和『平和主義とは何か』（中央公論新社、2013年）6頁以下参照。なお、松元は「平和主義」（パシフィズム）を「絶対平和主義」と「平和優先主義」に分けているが、「平和優先主義」は、田畑の命名するところの「平和愛好主義」とは異なり、自衛戦争を当然容認するものではない。
8) 長谷部恭男『憲法と平和を問いなおす』（筑摩書房、2004年）、同「平和主義の原理的考察」『憲法問題』10号（1999年）など参照。
9) 澤野義一『平和主義と改憲論議』（前掲）114頁、145-147頁。
10) 松元雅和『平和主義とは何か』（前掲）27頁以下。
11) 西修『よくわかる平成憲法講座』（TBSブリタニカ、1995年）10-11頁、66-69頁、192頁以下、同『現代世界の憲法動向』（前掲）1頁、17頁、23頁以下など参照。
12) 澤野義一『平和主義と改憲論議』（前掲）18-21頁参照。
13) グローバル9条キャンペーン編『戦争のない世界へ　5大陸20人が語り尽くす憲法9

条』(かもがわ出版、2007年)、9条世界会議国際法律家パネル編『9条は生かせる』(日本評論社、2009年)などのほか、澤野義一『平和憲法と永世中立』(前掲)70-71頁参照。
14) 澤野義一『永世中立と非武装平和憲法』(大阪経済法科大学出版部、2002年)102頁以下。
15) 前田朗『軍隊のない国家』(日本評論社、2008年)参照。
16) 本書第1章「原発に関する憲法論の不在と違憲論の提唱」を参照。
17) 笹本潤・前田朗編『平和への権利を世界に』(かもがわ出版、2011年)、平和への権利国際キャンペーン・日本実行委員会編『いまこそ知りたい平和への権利48のQ&A』(合同出版、2014年)参照。
18) 渡辺久丸『兵役拒否の人権化は世界の流れ』(文理閣、2009年)参照。
19) 澤野義一『平和憲法と永世中立』(前掲)第一章、および後述の本書第3章も参照。
20) 澤野義一『平和憲法と永世中立』(前掲)15-19頁、56頁以下。
21) 田畑忍『世界平和への大道』(法律文化社、1982年)85頁以下。澤野義一『平和憲法と永世中立』(前掲)69頁以下(第三章)も参照。

第 I 部

原発に関する憲法・人権論
―― 脱原発による平和と安全 ――

第1章

原発に関する憲法論の不在と違憲論の提唱

I　はじめに

　原発（原子力発電所および原子力発電）は、1955年制定（翌年実施）の原子力基本法により、人類社会の福祉と国民の生活水準向上および平和目的に寄与し、民主・自主・公開の3原則の遵守の下に利用されることを条件に合法とされてきており、憲法的にも合憲視されてきた疑いがある。したがって、原発事故による人権侵害が指摘されることはあっても、原発政策や原発推進の法体系自体を憲法との関係で問う議論はほとんどなされてこなかった。また、原子力の軍事利用（核兵器の製造・保有・使用など）に対する違憲性については多くの議論がなされてきたが、平和利用（原発の商業・電力利用）に対する違憲性についての論議は、平和憲法擁護論者からもほとんどなされてこなかった。それは、平和運動においては、核兵器廃絶運動には熱心に取り組むが、原発廃止運動を敬遠するという事態をもたらしてきたといえる。[1]

　その原因は、原子力の軍事利用と平和利用論がダブルスタンダードで扱われ、一体的把握がなされなかったことにある。しかし、人類の福祉や平和目的に寄与するという原子力基本法の立法目的は、制定当時は一般的には違憲視されていなかったとしても、2011年3月に福島県で起きた大規模な原発事故により、原発について従来指摘されてきた危険性が一般的・抽象的なものから具体的なものになり、同法の立法目的を支える事実や世論にも大きな変化が生じた今日的時点では、原発の存続と利用は明確に違憲とみなさざるをえなくなった

のではなかろうか。原子力基本法を中心とする原子力関係法が違憲無効だとすれば、原発は停止・廃止されるべきことにならざるをえない。

　福島原発事故以降、原発に関する様々な問題点が指摘される中、原発違憲論も散見されるようになったが、本格的な考察はまだないように思われる。筆者が原発違憲論について、新聞や講演などで主張するようになったのも、福島原発事故をきっかけにしている[2]。本章では、原発違憲論がほとんど展開されてこなかった背景や理由を検討したうえで、原発（平和利用ないし商業利用）違憲論の論拠を提示するが、それを考えるさいに参考となる外国の原発に関する憲法ないし憲法論についても言及する。そして、原発違憲論を主張することの今日的意義と課題について、おわりで提案することにしたい。なお、2014年5月21日の大飯原発・福井地裁判決は原発稼働の差止めを人格権に基づき認めた点で画期的であるが、原発違憲論については判断を回避する一文を付けている（この点については本書第2章参照）。

II　原発違憲論に関する従来の議論状況

1　原発違憲論不在の背景ないし理由

　原発違憲論がこれまでほとんど不在であり、自覚的に展開されなかった背景ないし理由としては、以下のことが考えられる。

　①　第1に、法律論的には、原子力基本法制定当時から、原発が平和目的で運用されるであろうという、ある種の信頼があったため、原発が平和憲法ないし憲法9条に違反するという発想が生まれにくかったことが考えられる。

　そのようになった政治状況には、当時のアメリカの「原子力平和利用」論が功を奏し、日本の著名な物理学者、学術会議、原水禁世界大会、広島市長らも受け入れた背景がある。1953年にアイゼンハワー米大統領が「平和のための原子力」という演説をして、原子力の平和利用政策を打ち出したのは、ソ連も核兵器を開発できるようになった状況下で、アメリカとしては、原子力の平和利用という形で世界（とりわけ同盟国間）の核支配を再編成する意図があった。中曽根康弘衆院議員や読売新聞社の正力松太郎社長らが、その意図を日本におい

て体現することになる。1955年から1957年にわたる主要都市での原子力平和利用博覧会の開催などを通じて、原子力（技術）は将来性があるというイデオロギーが普及することになる（象徴的には当時から鉄腕アトムが人気を博する）。原発の危険性を認識しつつも、原子力利用による社会の将来的発展可能性の方に期待が託されたのである。

② 第2に、上記のことと関連するが、原発が憲法9条に違反するという明確な見解が今日まで指摘されなかった理由として、「戦力」の解釈論に問題があると考えられる。原発が憲法9条に違反するとすれば、憲法9条の何に違反するのかを説明する必要がある。その1つの試論としては、原発が「核兵器の製造・保有・使用の潜在的能力」であり「他国に対する潜在的核抑止力」（略して「核潜在力」）であるならば、それは憲法9条が保持を禁ずる陸海空軍以外の「戦力」に該当するのではないかという解釈論を提起することができるのではなかろうか。ところが、憲法学者の書いたテキストなどでは、原子力事業や原発などは「戦力」論との関連では考察対象になっていない。「戦力」論は、ほとんどが自衛隊の是非にかかわる自衛力論との関連問題に焦点が当てられてきたといえる。

③ 第3に、原発政策が違憲の日米安保条約、日米軍事同盟の一環であるという認識が希薄であったことが考えられる。原子力基本法の制定やそれと一体関係にある日米原子力協定（アメリカから原子炉や濃縮ウランなどを融通してもらうため1955年に調印）の下で、日本側が徐々に企図した「核潜在力」としての原発運用がアメリカによって黙認されてきたのは、ソ連や中国の核武装に対抗するため、日米軍事同盟が日米原子力・核同盟（核の傘も含む）としても位置づける必要があったからである。このような認識があれば、原子力基本法や原子力協定の違憲性も指摘することができたと思われるが、そのような指摘はほとんどみられない。

④ 第4に、原発事故による人権侵害論は原発違憲論にまで至らず、裁判の訴えの利益や差し止めの論拠にとどまったことが考えられる。今回の福島事故をみれば明らかなように、原発事故が起きれば、様々な人権侵害を引き起こす。従来の原発差し止め裁判などでも、原発による人権侵害は主張されてい

る。しかし裁判では、憲法13条等を根拠とする人格権侵害が、裁判の入り口で訴えの利益として認められるにしても、裁判の実体審理において原発が憲法違反かどうかを争うレベルでは、原発の許可や稼働が容認されてしまうため、人権侵害による違憲論は結果的には無視されてきたといえる。

⑤ 第5に、外国において、原発を禁止する憲法や原発違憲判決があることがほとんど注目されなかったことが考えられる。そのような外国の事情に注視しておれば、それを参考にして、日本国憲法との関連においても、原発問題を本格的に検討したり、原発違憲論が提起されたかもしれない。1979年のミクロネシア連邦憲法、1981年のパラオ憲法、1999年のオーストリア憲法は、原発とともに核兵器も禁止する「非核憲法」という点でも参考になる。また、このような原発禁止条項をもたないが、非武装平和憲法の下で永世中立政策を実行しているコスタリカの最高裁憲法法廷が2008年に原発違憲判決を出しているのは、同国と類似の平和憲法をもつ日本国憲法下で原発違憲論を考えるさいに参考となる（後述）。

2　先駆的な原発違憲論と原発廃止論

これまで原発違憲論がほとんど不在であり、自覚的に展開されてこなかったことは上述の通りである。しかし、原発違憲論が全くなかったということではない。また、原発違憲論ではないにしても、原発廃止を指向する原発の憲法論的考察がなかったわけでもない。数は少ないが、そのような主張や考察について、3様の見解を以下に取り上げておくことにする。

(1) 田畑忍の原発違憲論

原発違憲論不在の背景の③で指摘した論点について、戦後いち早く言及しているのは憲法・政治学者の田畑忍である。1957年に、簡単ではあるが、日本が日米安保条約に基づき再軍備を法的に義務づけられた1954年の日米相互援助協定（MSA軍事協定）締結以降に締結した日米原子力協定（1955年）やその関連国内法と平和憲法とが矛盾することと、その事実の中に憲法改悪が計画されていることを指摘し、これらの違憲の条約や関連立法が改廃されるべき必要性を述べている。

また、田畑は1961年に、新安保条約（1960年締結）の帝国主義的性格やその下での日本帝国主義復活を指摘し、その関連で、日本の原子核研究や原子力産業助成などが国際的には核武装産業へのステップだとみられても仕方がないと述べている[6]（これ以降の田畑の論稿では、原発に関する言及は見当たらない）。

なお、日米安保体制に代わる代案として、田畑は日本の中立国化を提案するが、中立の性格が「積極中立」いわゆる非同盟的中立でなく、「非武装永世中立」でなければならないとしている点は興味深い[7]。というのは、今日的には、オーストリアやコスタリカのような永世中立国が原発に否定的であるのに対し、非同盟諸国は原発の平和利用に肯定的な現状があるからである。この関連でいえば、田畑の永世中立論は原発違憲論とともに、1957年頃から提案されている点で注目される。

(2) 伊方原発訴訟の原告側見解の原発違憲論

最初の本格的な原発（原発許可取り消し）裁判として注目された四国の伊方原発訴訟の第1審判決（1978年）において住民側の訴えは棄却されたが、以下で紹介するように、この裁判で原告側弁護団が原子力関連法の違憲性を含む原発違憲論を展開している[8]。その後、この違憲論は、後述の小林直樹の論稿を例外として、憲法学者によって憲法論的にフォローされた形跡はほとんど窺われないが、原発違憲論の基本的な論拠を提示しており、今日的に再注目される意義がある。

第1に、原発違憲論不在の背景④で言及した原発による人権侵害に関連する論点であるが、国の原発設置許可がなされ、原発事故で周辺住民の放射線被ばくによる生命・身体・財産権侵害が生じた場合、その権利侵害については周辺住民が他の国民より不当に差別されること（憲法13条、14条、25条、29条違反）、また、テロ行為、戦争のさいの敵国攻撃、航空機墜落による原発からの「死の灰」や放射性物質の放出により、環境破壊などがもたらされる危険性があることが指摘されている。

第2に、原子力の「平和利用」の名目で原爆の原料であるプルトニウムを保有し、「潜在的核大国」に急成長していくことが「憲法9条」に違反するとの指摘がなされている。ただし、そこでは、憲法9条違反の具体的な理由は説明

されていない。この点は、本章の検討課題となる。なお、1970年に政府が核不拡散条約（NPT）に署名したさい、当該条約からの脱退権を留保していること、また、前年の1969年に外務省が作成した核不拡散条約への加入に関する文書において、国の至高の利益が危うくされていると判断するときは条約から脱退できると述べられていることから、政府の核保有の意図があることは否定できないと指摘されている。

第3に、外国における原発事故の状況やドイツの原発建設計画中止の動向などの紹介を通して、原発の危険性が指摘されている。

ちなみに、以上のような原告側の原発違憲論に対しては、被告側（国）は全く成り立たないと反論し、当該1審判決もこのような憲法的論点については論ずるまでもないとして退けている。

(3) 小林直樹の原発容認論から原発廃止論への転換

伊方原発訴訟第1審判決を契機に書かれたと思われる小林直樹の1978年論文「憲法と原子力」は、原発違憲論を展開したものではないが、原発に関する憲法問題を本格的に考察した最初の論文であり、福島原発事故以降、原発の憲法問題に言及した論稿の中には、小林論文に再注目するものがみられる（後述の山内敏弘、隅野隆徳論文）。

小林論文の特色は、まず、原子力政策を方向付ける憲法的判断枠組みとして、①憲法13条の国民の幸福追求権や25条の生存権（環境権）保障との関連性、②憲法9条の平和主義や非核3原則との関連性、③原子力政策をコントロールする国民主権・住民参加・知る権利保障との関連性が検討されるべきだとしている点である。また、原発の現実的な安全性問題として、原発事故の危険性、廃棄物処理の問題、非核3原則を形骸化する日米安保の問題、原発の核兵器転用などの危険性についても詳しく言及し、原発に関するこれらの諸問題や危険性が深刻になれば、憲法判断の枠組みに抵触する可能性も暗示している。ただし、平和で民主的な原発運用がなされるならば、上記の憲法判断の枠組みは「原子力の時代を前向きに進める基本の条件」にもなるとして、結論的には原発を憲法論的にも事実論的にも容認している。

しかし、上記の旧論文を再録した1991年発行の小林の論文集『憲法政策論』

の補論では、旧論文の基本的指摘は通用するとしながらも、1979年のスリーマイル島原発事故や1986年のチェルノブイリ原発事故などを踏まえ、旧論文で原発を容認した妥協的見解を改め、原発の停止・縮小論を指向している。なお、それにもかかわらず、補論においても、原発を明確に違憲と断言する記述はない。その理由としては、原発を容認しうる憲法判断枠組みが維持されていることや、「戦力」論に関する多数説に共通することではあるが、小林の憲法教科書の「戦力」の解説をみても、原発が「戦力」に該当するから憲法9条に違反するという視点がないことなどが考えられる。

3　福島原発事故以降の原発違憲論

　福島原発事故以降、原発を実質的ないし明示的に違憲とみる憲法学者の論稿がいくつか登場している。

　①　まず、森英樹ほか編『3・11と憲法』（2012年）に収録されている森英樹論文「3・11が問いかけたもの」は、戦後原子力政策が日米安保体制の枠内で進められたこと、原発事故が生命・生存・生活権を奪うものであることなどを指摘しているだけでなく、憲法9条が戦争を可能にする「潜在力」も含み広範に「戦力」を禁止しているとの理解に立って、原発保持が核武装の潜在力になっていると指摘している点は、従来ほとんど指摘されていないので、特に注目される。

　②　この森説と同様に、「戦力」論に着目した論稿として、浦田賢治編『原発と核抑止の犯罪性』（2012年）に収録されている浦田賢治論文「『原子力の平和利用』を問い直す」がある。この論稿では、平和的生存権とかかわる論点のほかに、「戦力」には潜在的戦争手段が含まれるとする旧来の少数説であった鵜飼信成説に再注目し、潜在的核兵器能力をもつ原発が憲法9条で保持が禁じられている「戦力」に当たるのではないかと示唆されている点が重要と思われる。

　③　次に取り上げておきたいのは、杉原泰雄ほか編『戦後法学と憲法』（2012年）に収録されている山内敏弘論文「福島原発事故と生命権・生存権」と隅野隆徳論文「東日本大震災・福島第1原発事故と憲法」である。

いずれの論文も共通して上述の小林直樹の論文に注目しているが、山内論文の場合は、小林が提起した原発に関する憲法判断枠組みを踏まえつつも、特に生命権重視の観点から原発の問題点を検討している。また、オーストリアの非核憲法を紹介しつつ、非核3原則と一体となった脱原発法の制定を提言している点は注目される。

隅野論文の場合は、戦後の原発政策の問題点を振り返りつつ、原子力や原発事故については、恐怖と欠乏からの自由にかかわる「人間の安全保障」や平和的生存権保障の観点から特に問題にされるべきだとしている。その他、原発事故が地域の一体性を脅かすことから、住民自治の観点からも問題にされるべきだと主張している点は注目されよう。

④　生存権論との関連での新たな試みとしては、原発事故に対処するために、憲法25条の社会的生存権、憲法前文の平和的生存権に次ぐ新しい「第三の生存権」論を提起する中里見博論文「原発と憲法―第三の生存権へ」も注目される。それは、平和的生存権が主に「核兵器（核の戦時利用）」に対抗するものだとすれば、「第三の生存権」は「平時の核利用たる原発」がもたらす様々な人権侵害や環境被害に対抗する「平時の平和的生存権」であるという見解である。[15]

⑤　原発違憲論を明示する論稿としては、浜谷英博ほか編『災害と住民保護』（2012年）に収録されている新正幸論文「原子力災害対処にかかわる我が国の現行法の問題点」[16]がある。この論稿では、小林直樹論文を念頭において、原発の平和利用の当否は憲法からは一義的に導出することはできず、これまでは立法政策の問題とされてきたと把握する。しかし、原発の平和利用は、「憲法12・22・29条というような個別の条項に違反するというよりはむしろ、憲法の拠って立つ条件・基盤そのものを破壊するが故に違憲なのである」と指摘している。この論稿は、憲法9条や「戦力」論にかかわる考察はないが、重要な視点を提示している。

第1章　原発に関する憲法論の不在と違憲論の提唱

Ⅲ　原発の違憲性（その1）――憲法の基本理念侵害および人権侵害の違憲性

1　憲法の基本理念侵害の違憲性

　上述したように、最近に至るまで、原発に関する本格的な憲法論的考察や原発違憲論は数少ないが、それらを総体的にみれば、原発違憲論を提案するための基本的な論拠が提示されているように思われる。しかし、原発違憲論の論拠としてまだ自覚されていない点や不十分な点は、さらに補充して考察される必要がある。原発違憲論を展開することは、原発稼働の人権侵害論にとどまらない法的、政策的な意義もある。

　原発の存在や運用に伴う危険性と被害は、あまりにも深刻であるため、通常の憲法問題や違憲論と異なり、憲法の基本理念そのもの（憲法総体）を侵害する。日本国憲法に即していえば、原発の運用は、憲法の3大原理である基本的人権尊重主義、非武装平和主義、民主主義ないし国民主権（原発の地方立地に関する点では住民主権ないし地方自治尊重主義）に抵触ないし違反するということである。

　なお、原発違憲論および原発廃止論を裁判や違憲審査の次元で論ずる場合は、原発の運用に法的根拠を与えている原子力基本法を違憲立法と解することが必要になる。その場合には、原子力基本法が作られた時の立法目的（人類の福祉や平和目的）が違憲視されていなかった（あるいは合憲視されていた）としても（原子力基本法等に対する早くからの違憲論としては上述の田畑説や伊方原発訴訟原告側見解参照）、その後の裁判時においては、違憲と判断される。このような論法は、違憲審査制論において「立法事実」論として使用されている。それによれば、ある法律制定時の立法目的が違憲視されていなかったとしても、その後、立法目的に反する事実が明らかになってきた場合には、当該法律は違憲・無効とされる。[17]

　原子力基本法に関していえば、基本法制定後、例えば、①国内外で起きたチェルノブイリ原発事故、スリーマイル島原発事故、福島原発事故などにより様々な深刻な人権侵害が生じたこと、②平和目的に反するような日米軍事同盟

や米国の核政策の下で原発が運用されてきたことや、原発（運用）が核の潜在力としても考えられてきたことが判明するようになったこと、あるいは、③外国で原発を禁止する憲法や法令が制定されるようになっていることなどが、新たな立法事実である。

以下においては、原発の違憲性について、日本国憲法の3大原理に照らして考察するが、人権尊重主義および非武装平和主義との関連に焦点を当てることにし、地方自治尊重主義との関連については、平等原則に関する人権侵害の違憲性を扱うさいに言及するにとどめる（2の(4)参照）。

2　人権侵害の違憲性

まず、原発運用による人権侵害の違憲性について検討するが、以下のように、原発は種々の人権について多面的な態様で侵害する。

(1)　原発事故による種々の個別的人権侵害

憲法13条は生命・自由・幸福追求権を保障しているが、甚大な原発事故や放射線被ばくは、人権の根本である生命権そのものを奪う。環境破壊という点では、幸福追求権（および憲法25条の生存権）で根拠づけられる環境権を侵害するといえるが、さらに、人間の権利保護を中心とした環境権侵害を超えて、動植物や自然の生態系保護をも射程に入れた「自然享有権」を侵害するという新たな視点が問われているように思われる。「自然享有権」の論拠としては、13条と25条に加えて、「現在及び将来の国民」の権利を保障する憲法11条・97条が注目できよう[18]（後述の(5)も参照）。なお、上述した大飯原発・福井地裁判決は、生命・生存を基礎とする人格権を重視している。

憲法が保障する個別的な人権侵害としては、次のようなものが指摘できる。原発事故が起きると、原発周辺住民にとっては、居住・移動の権利（憲法22条）が侵害される。家屋や土地が利用できなくなるという点では、財産権（憲法29条）が侵害される。職業選択や営業の自由が大幅に制約される点では、憲法22条や29条が侵害される。勤労者にとっては、働く権利（憲法27条）が侵害される。避難地域での生活を余儀なくされる住民にとっては、文化的で健康な最低限度の生活を行う権利（憲法25条）が侵害される。避難した子どもにとっては

通常の学校教育を受けられなくなる点で、学習権（憲法26条）が侵害される。なお、原発労働者にとっては、原発事故がなくても、劣悪な労働環境の下で、日頃から放射線被ばくによる生命・身体に関する権利侵害が生じているし、人間らしく働く権利も侵害されている。

(2) 恐怖と欠乏からの自由の侵害

憲法前文に規定されている「恐怖と欠乏からの自由」は、ルーズヴェルト大統領が提起した４つの自由に由来し、戦争の恐怖と貧困からの解放を意味するが、今日的には、戦争や経済恐慌に限定しないで、安全・安心を求める権利として、広く適用されるべきである。福島原発事故にみられるような津波や地震による自然災害を体験した現在、種々の人権侵害を引き起こす原発の運用は、恐怖と欠乏からの自由を侵害すると解することもできよう。原発に航空機（低空飛行訓練中の軍用機も含む）が墜落して原発事故を起こす危険性なども、恐怖と欠乏からの自由を侵害するといえる。武力紛争において原発がテロや武力攻撃の対象となるような事態では、恐怖と欠乏からの自由侵害のみならず、次に述べる平和的生存権侵害の問題ともなる。

(3) 平和的生存権の侵害

他国との武力紛争が生じた場合、原発がテロの対象になったり、武力攻撃を受ける可能性もある。実際に、有事法制や国民保護法でテロを想定した避難誘導訓練が行われているのは、政府がこうした事態を想定しているということである。このような事態との関連においては、原発の存続や運用は、憲法前文で保障されている平和的生存権の侵害となりうる。

この論点を考えるには、ミサイル基地を設置することが有事には相手国の攻撃の第１目標になり、周辺住民の平和的生存権が侵害される危険があるとした1973年長沼ミサイル基地訴訟第１審判決が参考になる。当該判決では平和的生存権の具体的権利性が認められたが、平和的生存権は一般的には理想的権利ないし抽象的権利と解されてきた。しかし近年においては、自衛隊イラク派遣に関する2008年名古屋高裁や2009年岡山地裁判決においても、平和的生存権の具体的権利性が容認されるようになっている。[19]

(4) 平等原則の侵害

原発は都市と地方という地域差別の構造のうえに成り立っており、原発事故が起きた場合は、原発立地周辺住民は他の地域住民よりも、上述した様々な人権侵害を被る。これは、平等権ないし平等原則（憲法14条）の侵害といえる。原発誘致には周辺住民の合意や政府などによる多額の財政的支援があるから、平等権侵害は成り立たないという考え方もありうる。しかし、原発は国策によるものであり、大きな原発事故が起きると、原発立地周辺住民は、他の地域住民と異なり、様々な人権保障について結果的に重大な差別（結果の不平等）が生じ、補償や賠償で取り戻すことはできないほどの特別犠牲を負うことになる。[20]

この問題を地方自治の保障との関連でみると、地方自治（憲法92条）侵害の違憲性を指摘することができる。福島のような原発事故が起きると、地方自治体が根本的に破壊され、存続できなくなることもある。それは、住民自治と団体自治の理念を含む住民主権ないし地域民主主義の侵害を意味する。

(5) 将来世代の国民の人権侵害

通常問題にされる人権侵害や公害などに比べると、放射能を排出するような原発事故による被害は、広範囲において、また将来にわたって国民の権利を侵害し続ける。このような意味において、原発の運用は、現在生きている国民の権利のみならず将来世代の国民の権利も保障している憲法11条と97条に抵触する。

当該人権規定は、福島原発事故に直面したことで実際的な意義を見出すことができるようになったといえるが、その権利観念の萌芽は自然権思想を背景にしたアメリカやフランスの近代憲法にみることができ、第2次大戦後の世界の憲法の中では例外的に日本国憲法において再現されたものである。その後は、1972年のストックホルム国連環境会議や1992年のリオ国連環境開発会議などの宣言文において、環境保護や発展の権利との関連で、「現在および将来世代」が権利保障の名宛人として明記されるようになっている。1994年の改正ドイツ憲法（20a条）では、「未来世代に対する責任において」自然的環境保護をはかることが規定された。[21]

ただし、それらの国際宣言や憲法には、一般的な環境問題を超えて原子力や放射能との関連問題はほとんど考慮されていないように思われる。しかし、1997年の「使用済み核燃料・放射性廃棄物管理安全条約」において、「将来世代に不安を負わせるような行動を避けることに努める」という規定が導入されている点は注目される。将来世代の権利保障という考え方は今日、国際社会においては努力目標的なものであれ、受け入れられてきているし、今後はそこに原発問題も含めて検討されていくことが予想されるが、日本国憲法は、その点では先駆的な意義を有しているといえる。その具体的な法令としては、世界自然遺産に登録されている鹿児島県屋久島において、放射能被害から町民の生命と生活を守り、生態系の放射能による汚染を予防することによって、「現在及び将来の町民の健康と文化的な暮らしを保障し、自然と調和した地域の発展に資することを目的」として、2000年に制定された「放射性廃棄物等の持込み及び原子力関連施設の立地拒否に関する条例」は、注目に値する（ただし同条例は2007年、自治体合併に伴い失効）。

Ⅳ　原発の違憲性（その2）——憲法9条侵害の違憲性

憲法9条からみた原発の違憲性については、第1に、原発が「核潜在力」（筆者の表現用語）の側面も有するとすれば、憲法9条が禁じる「戦力」に該当するのではないかという観点、第2に、原発政策が違憲の日米安保・日米核（原子力）同盟の一環であるとの観点から、論拠づけられるのではなかろうか。

上記の第1の違憲性を指摘するために、以下の1〜3において、原発を「核潜在力」としてみることが可能であることを示したうえで、「核潜在力」が戦力に該当することを示すことにしたい。第2の違憲性論については、4で言及する。

1　原発＝「核潜在力」論

まず、原発の「核潜在力」についてであるが、それは、原発を核武装のために使用することを控えるが、国家安全保障政策の観点から、核武装のための技

術的・産業的な潜在力として保持することが、他国に対する「潜在的核抑止力」[22]にもなるということを意味する。したがって、この見解は、国が現実的な必要性があれば、原発を核武装化のために使用することを容認するものであり、憲法論的には、政府見解である「自衛のための核兵器保有合憲論」と不可分に結びつく。原発の平和利用を名目に稼働している諸外国の原発も、主観的意図にかかわらず客観的には、原発が軍事転用可能な「潜在的核抑止力」であることは否定できない。それゆえに、IAEA（国際原子力機構）などによる原発の国際管理が問題になっているのである[23]。

それはともかく、原発の「核潜在力」論は、日本政府の公式表明ではないが、首相発言や政府内部文書あるいは議員発言などにみられる。例えば、岸首相は1958年に、原子力が平和利用ないし技術進歩によって兵器としての潜在的可能性を高めれば、核兵器をもたないとしても（ただし前年に自衛のための核兵器保有合憲論を主張）、軍縮や核実験禁止問題などで発言力を強めることができると述べている。佐藤内閣時の外務省によって極秘に作成された1969年の「わが国の外交政策大綱」（現在では情報公開されている）では、日本が「NPTに参加すると否とにかかわらず、当面核兵器は保有しない政策はとるが、核兵器製造の経済的・技術的ポテンシャル（能力）は常に保持するとともに、これに対する掣肘を受けないよう配慮する。又、核兵器の一般についての政策は国際政治・経済的な利害得失の計算に基づくものであるとの趣旨を国民に啓発する」と書かれている。議員発言としては、1954年という早い時期に、衆議院本会議の原子炉築造予算案提案趣旨説明の中で、改進党の小山倉之助が原子兵器を使用する能力をもつ必要性を強調している。それは、原発導入時からすでに原発の軍事利用の可能性が意識されていたことを示唆している[24]。近年では、福島原発事故とのかかわりで、自民党の石破茂議員が、「核の潜在的抑止力」を維持するため原発をやめるべきでないと発言している[25]。

さらに、2012年6月の原子力基本法改正により、「平和目的」に限定されていた同法の原子力利用の目的に、「わが国の安全保障に資すること」が追加されたことの意味について、提案議員の中には、「日本を守るため、原子力の技術を安全保障からも理解しないといけない」趣旨だと述べている者（自民党の

塩崎議員）もいるし、国内外から、核武装に道を開くことになるとの懸念も指摘されている。[26]

なお、上記のような日本側の原発「核潜在力」論については、アメリカ側が早くから探知していたことや、日米同盟の関係で黙認してきたことも最近知られるようになった。[27]これについては、さらに後述する（4を参照）。

2 「核潜在力」＝違憲の「戦力」

原発が「核潜在力」であることが違憲かどうかを判断するためには、「核潜在力」をもつ施設や物などが憲法9条2項で保持が禁じられている「戦力」に該当するかどうかを検討する必要がある。しかし、これまでの「戦力」論による限り、「核潜在力」は「戦力」に該当せず、したがって原発が違憲であるといった解釈を導き出すことは困難であろう。

というのは、戦後の「戦力」論は自衛隊などの合憲・違憲論との関連で議論されてきており、原発との関連性はほとんど考慮されていないからである。政府の「戦力」見解は「近代戦争遂行能力」論から「必要最小限の自衛力」論へと変化しているが、憲法学の通説では、「戦力」は外敵との戦闘を主目的にした人的・物的組織体である軍隊ないし軍事力であり、「警察力以上の実力」を意味すると解されている。この通説によれば、「戦争に役立つ可能性をもった一切の潜在的能力」（軍需生産、航空機、港湾施設、核戦力研究など）をも「戦力」に含める説（鵜飼信成の少数説）は、「最広義」説として不適切と評されている。例えば、通説に依拠している樋口陽一は、「戦力」に相当する「英語の war potential」が、「最広義」説のような意味を「推測させないわけでもないが」、「航空機にせよ原子力にせよ、電子技術にせよ、戦争遂行に役立ちうるからという理由でそれらがすべて禁止されているという解釈は、技術水準の向上が人類社会に貢献する可能性をあまり制約しすぎて、失当といわなければならない」と述べている。[28]これに類する通説は、すでに本章で取り上げた憲法学者の中では、小林直樹、山内敏弘らによっても支持されている。[29]

上記の「戦力」に関する通説に比べると、「戦力」の最広義説によれば、原発は核武装の「潜在的能力」すなわち「核潜在力」として「戦力」に含めるこ

とが可能であり、原発違憲論も帰結されやすくなる。ただし、鵜飼説は通説から批判されているのとは異なり、無条件に「戦力」を広く解しようとしているわけではなく、「その物の存在の形態と、これに内在する目的とが、明らかに戦争を意図しているもの」を「戦力」としている[30]。とはいえ、原発との関係について特に言及しているわけではなく、原発違憲論かどうかも不明である。

　それはともかく、原発の問題を考慮して「戦力」論を考えるには、通説では限界があり、今後は鵜飼説のような広義説に再注目する意義あるのではないかと思われる。この説を参考にすると、原発は戦争に役立ちうる潜在的能力ないし核兵器に転用できる潜在的能力、すなわち筆者のいう「核潜在力」であるから、憲法9条2項が禁ずる違憲の「戦力」と解することができる。

　なお、このように原発が核抑止力となりうる「戦力」だとすれば、それは国際紛争解決に当たり用いてはならない他国への「武力による威嚇」手段ともなりうるので、原発は憲法9条1項にも違反すると解される。

　もう1つの留意点として、次のことを述べておきたい。日本国憲法前文の平和主義に含まれる平和の観念には、戦争がない状態とそれを維持することを意味する「消極的平和」だけでなく、戦争の潜在的原因となる社会的な構造的暴力（差別・偏見・劣悪な環境など）がない状態、およびその構造的暴力をなくすことを意味する「積極的平和」の観念が含まれているとすれば、構造的暴力の要因となる原発（運用）は、憲法前文の平和の観念や平和的生存権保障の理念に反する。この平和の観念を「戦力」論にも応用するとすれば、平和学研究者ガルトゥングの提案した構造的暴力論を考慮した新しい「戦力」概念を提示することが必要となる。「戦力」を広義説的に把握することが妥当な理由は、このような点からも指摘できよう。

　このような解釈論は、原発を違憲と判示した中米コスタリカの最高裁憲法法廷見解にみることができるので、参考までに以下に紹介しておくことにする。

3　コスタリカ最高裁憲法法廷判決における原発違憲論

　コスタリカ政府がウラニウムやトリウムの析出、核燃料の製造および核反応機の製造を認める政令を制定したことに対して市民が提起した違憲訴訟におい

て、同国の最高裁憲法法廷は2008年、当該政令を違憲無効とした。そこにみられる原発違憲論は、日本国憲法下での原発違憲論を考えるさいにも参考となる。というのは、コスタリカ憲法には日本国憲法と同様に原発を禁止する明文規定はないが、当該法廷は、非武装平和憲法（12条）の解釈から、原発違憲論を導き出しているからである。

そこでは、「平和」は戦争が存在しない状態にすぎないという考え方を超えて、戦争に帰着するようなあらゆる決断や行動を防止し、排除することも意味するとされている。したがって、兵器や化学物質の製造や輸入許可にあたっては、「その性質上、戦争という反価値を奨励すると考えられるものであって、そのためにつくられるものを厳しく排斥しなければならない」ことになるが、ウラニウムやトリウムについては、「戦争目的のために使用されることがよく知られており、また汚染性が高いことからみて」、そのような物質の析出などを許容する国の行動は「平和の価値」と「健全な環境への権利」（憲法50条）を侵害するとして、違憲とされた[31]。

なお、コスタリカ憲法の「平和の価値」には、上記のような「積極的平和」の観念がとられているほか、非武装永世中立政策や平和的生存権保障を重視する視点が内包されている。この点については、ブッシュ米政権のイラク戦争を支持する声明を出した当時のコスタリカ政府の行為を違憲・無効とし、外交的に取り消すよう命令した2004年の最高裁憲法法廷判決で示されている。このような視点は、日本の平和憲法の下に非武装永世中立の理念を入れて平和の観念を考える私見にとっては大いに参考となるし、今後生かされるべき課題でもある[32]（Ⅴの2参照）。

4　違憲の日米同盟の一環としての原発政策

原発政策は違憲の日米安保・核軍事同盟の一環である。1950年代に日本に原発が導入されることになったのは、アメリカが東西冷戦下の「核の傘」政策の下で、日本における原子力の軍事利用すなわち核武装化を認めないが、原子力の平和利用という名目で、日本の原子力技術の研究や能力を向上させ、アメリカの核軍事同盟の一翼を担うことを日本に期待したからである。自民党政府

も、そのような核軍事同盟を受け入れ、原発の研究や事業化を積極的に進めることになる。政府内部には、将来的に核兵器製造能力を身につけることも、原発推進の目的として検討されている。したがって、原子力の平和利用は、原子力政策全体のプロセスの中で位置づけると、軍事利用の一側面であるということもできる。日米安保条約の軍事政策的側面は旧日米行政協定や現日米地位協定で定められているように、同条約の一環としての原子力政策は日米原子力協定（最初は1955年締結）で定められている。

　アメリカの原子力政策の下にある日米原子力協定は締結以来、何度か更新されてきているが、問題が多い。例えば、1988年に批准した現協定（16条）では、米国の濃縮ウラン燃料を30年間購入することが義務付けられている。この協定が維持される限り、日本政府は2018年まで脱原発はできない。メディア報道などではほとんど触れられない重大な問題点である。

　他方、米国は「自国の安全保障に対する脅威の著しい増大」が日米間で生じた場合、協定を停止できることになっている（原子力協定実施取極3条）。この規定によれば、もし日本政府が日米安保条約を破棄するといえば、米国は日本へのウラン供給を停止することもありうる。そうなれば、日本の原子力発電はストップするという、財界や原発電力業界に不都合な事態が生ずるから、支配層にとっては、日米安保条約の破棄は絶対に取りえない政策である。

　野田民主党政権下の2012年4月27日に出された「2プラス2」日米安全保障協議委員会の共同声明文では、「日米は（東日本大震災での）トモダチ作戦を踏まえて、より協力して原子力エネルギー協定のあり方について考えていく」という趣旨のことが大まかに定められ、4月30日の日米首脳会談の付属文書「日米協力・イニシアチブ」の中ではかなり詳細に、民生用原子力に関する2国間委員会をつくり、ハイレベル委員会を設けて今後、原子力エネルギー、安全保障、核セキュリティー、環境管理、核不拡散等様々な問題を検討していくことが約束されている。

　このような日米原子力政策の延長線上に出てきたと考えられるのは、すでに述べたように、原子力基本法の平和利用目的に、「わが国の安全保障に資する」という目的を追加する2012年6月の法改正である。それは、福島原発事故以降

の脱原発論の高揚に危機感をもつ日米支配層が、原発を日米核軍事同盟の中に位置づけていることを明確にしたものといえる。

V　原発違憲論提唱の今日的意義と課題

以上のような原発違憲論の考察を踏まえて、原発違憲論の今日的意義と課題について、国内的側面と国際的側面から考えてみることにしたい。

1　国内的意義と課題

原発違憲論の国内的側面からみた今日的意義については、以下のようなことが指摘できよう。

①　第1は、原発に関する裁判との関連である。原発稼働に関する民事や行政裁判（被害賠償、原発許可取り消しなどの請求）、あるいは原発被害（業務上過失致傷など）に関する刑事告訴や裁判の提起がこれまでに行われてきているが、上述の大飯原発・福井地裁判決が出るまでは、原告が勝訴したり、訴えが取り上げられて裁判の土俵に乗ることは、ほとんどなかった[33]。ましてや、原発に関する憲法論が裁判において立ち入って検討されたことはない。しかし、原発違憲論が考慮されるようになるならば、裁判においても、民事責任や行政責任、あるいは刑事責任の追及が、これまでよりも容易になると思われる。

②　第2は、原発違憲論を前提にすれば、自治体においては、原発禁止ないし脱原発の条例制定や脱原発宣言の合法性および正当性が容易に与えられるということである。

この点に関しては、原発違憲論が前提におかれているかどうかはともかく、条例としては恐らく唯一であると思われるが、上述した鹿児島県屋久町の「放射性廃棄物等の持ち込み及び原子力関連施設の立地拒否に関する条例」(2000年)が、すでに制定されていることは注目される。また、市民運動で提案された無防備平和都市条例案の1つである東京・小平市「非核都市平和条例案」(1988年)の第2条で、住民の平和と安全と福祉が保障されるために、「市内で、核兵器、核燃料使用の機器等の製造、または貯蔵、または使用することに協力

してはならない」と規定されている点も、注目に値しよう。[34]

　外国では日本よりも早く、自治体において原発を禁止する動きがみられる。その代表的なものは、ロンドン市非核都市宣言（1982年）、米国バークレー市非核条例（1986年）、フィリピン・マニラ市非核条例（1986年）などにみることができるが、バークレー市非核条例では、核兵器とともに原子炉や核燃料サイクルに対して禁止ないし反対することが明記されている。[35]

　以上のような条例と原発違憲論を踏まえ、原発禁止ないし脱原発が単一の原発禁止条例として、あるいは非核平和都市条例の中で、今後制定されていくことが求められよう。

　③　第3は、上述と同種の問題であるが、原発違憲論を前提にすれば、国レベルでは、原発禁止法ないし脱原発法の制定が求められることになる。それと同時に、これまで原発稼働を正当化してきた原子力基本法を中心とする原発推進関連法は憲法違反なので、廃止されなければならないことになる。

　日本では、原発違憲論が前提におかれているかどうかはともかく、市民による脱原発法制定運動はチェルノブイリ原発事故を契機として1988年から取り組まれたことがあるが、福島原発事故を契機に2012年8月結成された「脱原発法制定全国ネット」（大江健三郎などが代表）が提案した「脱原発基本法案」（遅くとも2020年から2025年までのできる限り早い時期に脱原発を目指す内容）は同年の通常国会に議員立法として提出されたが、その後の国会では審議が行われていない。

　その点では、ドイツが福島原発事故を受け、2022年までに原発を全廃する脱原発法を2011年7月に成立（原子力法の改正）させていることは確かに注目されるが、憲法上は原子力の平和利用が保障されている点（73条1項14号）については原発禁止の憲法改正を提案するとともに、脱原発法の不徹底さを批判する少数意見（左翼党）もある。[36]

　ドイツ以外の外国では、原発禁止法はほとんどみられないが、オーストリアでは1978年に世界でいち早く制定されている。この原発禁止法は、ドナウ川のツベンテンドルフ原発建設反対に関する国民投票の結果を反映して制定されたものであるが、原発反対理由としては、放射能放出による人間の健康への危険

性、核廃棄物の管理・処分の未解決問題、原子力の平和的エネルギー利用と軍事的産業の結びつき、原子力災害時の緊急対処計画の不十分さ、原発建設地域で大地震がこれまでに発生していることなどがあげられている（同法は1983年には憲法裁判所から合憲であるとの判決を得ている）。

なお、同法制定以降、スリーマイル島（1979年）やチェルノブイリ（1986年）の原発事故が起こったことのほか、永世中立国オーストリアが1995年に EU 加盟するさいに保守政党が NATO 加盟を主張し出したことを契機に、核兵器の国内配備や通過も禁止しておく必要から、核兵器使用などと同時に原発も禁止する「非核憲法」が制定されている。この「非核憲法」は、核分裂によるエネルギー生産を目的とする施設建設と、既存の当該施設がある場合の始動の禁止という表現で、原発（核兵器の製造・実験・使用なども同様）を無条件で禁止しているが、それは、先行的に制定されていた「原発禁止法」を踏まえたものである[37]。したがって、現在オーストリアでは、原発違憲論の下に原発禁止法が位置づけられているといえる。このようなオーストリアの原発政策は、世界の脱原発の先駆的モデルとして注目されている。

④　第4は、日米安保体制との関連である。原発推進関連法を廃止し、原発禁止法を制定していくには、一方では、原発推進関連法と不可分の日米原子力協定を廃棄することも必要である。それは、日米安保・核軍事同盟からの離脱を意味する。したがって、原発違憲論は、憲法9条改悪反対論および日米安保条約廃棄論に帰結する。日米安保の代案としては「中立」政策が考えられるが、その場合、非同盟中立よりは永世中立が望ましい。というのは、非同盟諸国は原子力の平和利用論にこだわり原発全面禁止論に与していないのに対し、オーストリアやコスタリカの永世中立国をみると、永世中立と原発違憲論に親和性があるからである[38]。このような原発違憲論の先駆的主張としては田畑忍の見解がある（Ⅱの2(1)参照）。

2　国際社会に向けての意義と課題

原発違憲論の今日的意義の第2は、原発違憲論を国際社会に広めることの意義である。

確かに、現在の国際社会においては、NPT条約第4条が各国に原子力を平和的に利用する権利を保障していることもあり、原発の利用が国際法に明確に違反すると断言することは困難である。また、国際人権法や国際人道法との関連においても、原発の違法性や犯罪性は、一般的にはまだ認められているとはいえない[39]。国際人権法や国際人道法は、国内的な人権問題の改善などを考えるさいに参考になることが多々あるが、原発関連での問題対処に関しては射程がまだ及んでいないように思われる。

もっとも、少数意見ではあるが、原発（使用）は国際人道法に違反し、国際犯罪に該当するのではないかという説も近年みられる。例えば、核兵器の使用が国際法に違反するということを国際司法裁判所で述べたC・G・ウィーラマントリーは、福島原発事故をきっかけに、原発の核廃棄物や原発事故などが環境破壊や将来世代に対する権利侵害をもたらすことを考慮し、「原子炉の存続と拡散は、人道法、国際法、環境法、および国際的な持続可能な発展の権利に関する法のすべての原則に反する」と述べている[40]。

もっとも、このC・G・ウィーラマントリーの説明は、国際法論的にはまだ論証が十分とはいえない。また、各国に原子力の平和利用権を認めているNPT条約と、C・G・ウィーラマントリーが指摘する原発の国際法的違法論の関係、すなわち両者の優劣関係ないし矛盾的関係をどうみるのかが検討される必要があるように思われる。

前者の国際法論的論証に関する立ち入った言及としては、戦争史研究者の田中利幸は、原発の国際人道法違反性（平和や人道に対する罪）の論拠について、核抑止力として原発を保持することが核兵器使用＝核戦争の計画と準備行為に当たるという解釈論を提示している[41]。また、原発民衆法廷の決定では、原発事故の放射性物質の放射で住民が集団的に避難を強制されることが、国際刑事裁判所規程7条1項で規定されている「住民の追放又は強制移送」など（人道に対する罪）に該当するとの解釈が試みられており、注目される[42]。

上述のC・G・ウィーラマントリーの見解に関する後者の検討課題については、憲法学者の浦田賢治が、「核兵器廃絶・脱原発・平和探究、これを三位一体と見て取り組む」立場から、NPT条約第4条にいう「奪い得ない［平和利

用の] 権利」に対しては、「これを変更できると考えて取り組む」という課題を提案しているのは注目できる[43]。しかし、その課題をより具体的にはどのような方法ないし視点で提案すべきかについては、具体的に言及されていない。

私見としては、原発の利用が国際法にも違反すると主張していくためには、国内的には、コスタリカや日本のような平和憲法の下で原発違憲論（人権と平和の価値の侵害）があることや、オーストリアなどのように原発を禁止する憲法が存在していることを[44]、国際的に広めることを通じて、原発の利用が国際法的にも違法であるというような国際法の認識転換をはかっていくことが必要であると考える。換言すれば、各国における原発の人権侵害や核潜在力面の人道法違反性論議が高まれば、国際社会においても、原発が国際人権法、国際環境法、国際人道法などに抵触するという解釈が受容されるようになると考えられる。そうなれば、国際法における原発違法論が、NPT条約第4条の原発の平和利用権よりも優位し、平和利用権が否認されるべきものとして認識されるようになろう。最終的には、核兵器禁止条約とともに、原発禁止条約が締結されることが望まれる。また、国際社会における原発違法論が優勢になれば、原発輸出入の国際的規制や、各国における原発禁止の憲法や法令も増大することもありえよう。

1) 例えば「特集・ヒロシマは変わったか」『広島ジャーナリスト』9号（2012年）は、広島の従来の反核平和運動のあり方を問う平岡敬、森瀧春子らの論稿を掲載している。
2) 筆者（澤野義一）の見解が掲載された論稿には次のものがある。「原発の違憲性について」『憲法9条の会・関西ニュース』65号（2011年）、「原発をめぐる世界の憲法」『京都民報』（2011年11月20日号）、「原発と憲法」『無防備地域宣言ニュース』61号（2011年）、『平和憲法と永世中立』（法律文化社、2012年）184-185頁、「民主党政権下の憲法政治の憲法論的検討」『龍谷法学』44巻4号（2012年）624-627頁、「原子力発電は憲法違反だ」『週刊新社会』（2012年5月1日号）、「原発違憲論を構想する」『広島ジャーナリスト』10号（2012年）32頁以下、原発民衆法廷における原発違憲論の「証人意見」として、原発を問う民衆法廷実行委員会編『原発民衆法廷④』（三一書房、2012年）80頁以下。
3) 槌田敦ほか編『隠して核武装する日本』（影書房、2007年）、田中利幸＝ピーター・カズニック『原発とヒロシマ』（岩波書店、2011年）、吉岡斉『新版　原子力の社会史』（朝日新聞出版、2011年）などのほか、出原政雄「核廃絶に向けて─湯川秀樹を中心に」

第Ⅰ部　原発に関する憲法・人権論

　　憲法研究所・上田勝美編『平和憲法と人権・民主主義』（法律文化社、2012年）も参照。
4)　吉岡斉『脱原子力国家への道』（岩波書店、2012年）120頁以下参照。
5)　田畑忍「軍事基地の法的問題」（1957年）同『憲法論争』（高城書店、1962年）356-359頁。
6)　田畑忍「わが国政治の体制的矛盾」（1961年）同『憲法論争』（前掲）405-406頁。
7)　田畑忍「わが国政治の体制的矛盾」（前掲）406-407頁。
8)　『判例時報』891号（1978年）165頁以下、および297頁以下などを参照。
9)　小林直樹「憲法と原子力」『法律時報』50巻7号（1978年）15頁以下。
10)　小林直樹『憲法政策論』（日本評論社、1991年）195頁以下。
11)　小林直樹『憲法講義（改訂版）上』（東京大学出版会、1977年）201頁以下。
12)　森英樹「3・11が問いかけたもの」森英樹ほか編『3・11と憲法』（日本評論社、2012年）2頁以下。
13)　浦田賢治「『原子力の平和利用』を問い直す」浦田賢治編『原発と核抑止の犯罪性』（日本評論社、2012年）78頁、87頁。
14)　杉原泰雄ほか編『戦後法学と憲法』（日本評論社、2012年）収録の山内敏弘「福島原発事故と生命権・生存権」（451頁以下）、隅野隆徳「東日本大震災・福島第1原発事故と憲法」（469頁以下）。なお、原発と生命権論の関連については、本書第2章参照。
15)　中里見博「原発と憲法―第三の生存権へ」『憲法問題』24号（2013年）138頁以下、同「脱原発の憲法学」国際基督教大学平和研究所編『脱原発のための政治学』（法律文化社、2013年）140頁以下参照。
16)　新正幸「原子力災害対処にかかわる我が国の現行法の問題点」浜谷英博ほか編『災害と住民保護』（三和書籍、2012年）35-36頁、63-64頁。
17)　新正幸『憲法訴訟論』（信山社、2008年）568頁以下、戸松秀典『憲法訴訟（第2版）』（有斐閣、2008年）243頁以下など参照。
18)　澤野義一「環境」根本博愛・青木宏治編『地球時代の憲法（第3版）』（法律文化社、2007年）147-148頁。前原清隆「『未来への責任』と憲法」杉原泰雄ほか編『戦後法学と憲法』（前掲）498頁以下も参照。
19)　長沼ミサイル基地訴訟第1審判決（札幌地裁1973年9月7日）については、『判例時報』712号24頁以下、自衛隊イラク派遣に関する名古屋高裁判決（2008年4月17日）、岡山地裁判決（2009年2月24日）については、http://www.courts.go.jp/。体系的な研究としては、深瀬忠一『戦争放棄と平和的生存権』（岩波書店、1987年）、小林武『平和的生存権の弁証』（日本評論社、2006年）、笹本潤・前田朗編『平和への権利を世界に』（かもがわ出版、2011年）など参照。
20)　高橋哲哉『犠牲のシステム　福島・沖縄』（集英社、2012年）194頁以下。
21)　前原清隆「未来の世代と憲法」長崎総合科学大学長崎平和文化研究所編『ナガサキの平和学』（八朔社、1996年）258頁以下。
22)　吉岡斉『脱原子力国家への道』（前掲）127-128頁参照。
23)　魏栢良『原子力商業利用の国際管理』（関西学院大学出版会、2015年）参照。

24) 前掲注（3）（4）の著書など参照。
25) 石破茂議員の発言については、『SAPIO』2011年10月5日号参照。
26) 『東京新聞』2012年6月21日付、『朝日新聞デジタル』2012年6月22日付（http://blogs.yahoo.co.jp/patentcom/6065352.html）など参照。
27) ジョセフ・トレント（酒井泰幸訳）「法の抜け道を使って日本のプルトニウムの蓄積を助けたアメリカ」（Peace Philosophy Centre, 2012年5月13日）、http://peacephilosophy.blogspot.jp/2012/05/nsns-us-circumvented-laws-to-help-japan.html 参照。
28) 樋口陽一『憲法Ⅰ』（青林書院、1998年）444頁。
29) 小林直樹の説については、前掲注(11)参照。山内敏弘の説については、古川純・山内敏弘『戦争と平和』（岩波書店、1993年）124頁以下参照。
30) 鵜飼信成『新版憲法』（弘文堂、1968年）61-62頁。
31) 9条世界会議国際法律家パネル編『9条は生かせる』（日本評論社、2009年）149-152頁参照。
32) 澤野義一『平和憲法と永世中立』（前掲）60頁以下参照。
33) 海渡雄一『原発訴訟』（岩波書店、2011年）、日本弁護士連合会ほか編『原発事故と私たちの権利』（明石書店、2012年）、槌田敦・山崎久隆・原田裕史『福島原発多重人災 東電の責任を問う』（日本評論社、2012年）など参照。
34) 古川純・山内敏弘『戦争と平和』（前掲）183頁以下。
35) 平和のための大阪の戦争展実行委員会編『世界の非核法・非核宣言集』（日本機関紙出版センター、1990年）、古関彰一「米国における非核条例の現状」星野先生古希記念論文集刊行委員会編『平和と民主教育の憲法論』（勁草書房、1992年）121頁以下、古川純・山内敏弘『戦争と平和』（前掲）176頁以下、西尾勝『グローカル的思考』（法政大学出版局、2011年）191頁以下など参照。
36) 渡辺富久子「ドイツにおける脱原発のための立法措置」『外国の立法』250号（2011年12月）145頁以下、山口和人「ドイツの脱原発政策のゆくえ」『外国の立法』244号（2010年）71頁以下、百濟勇「『フクシマ』ショックから100日で『脱原発』」（2012年）www5.sdp.or.jp/policy/policy/energy/data/kaisetsu02.pdf 参照。
37) 澤野義一「民主党政権下の憲法政治の憲法論的検討」（前掲）625-626頁。前原清隆「資料で読む非核オーストリア憲法」長崎総合科学大学『平和文化研究』23集（2000年）67頁以下も参照。
38) 澤野義一「各国憲法の平和・安全保障方式と世界平和樹立の課題」憲法研究所・上田勝美編『平和憲法と人権・民主主義』（前掲）76頁以下。本書序章参照。
39) 森川泰宏「ウィーラマントリーの公開書簡について」『日本反核国際法律家協会に関する文書』2011年10月21日付参照。
40) C・G・ウィーラマントリーの見解「日本においての原子炉の惨劇」については、『日本反核国際法律家協会に関する文書』2011年3月14日付参照。
41) 田中利幸「核兵器と原子力発電の犯罪性」（Peace Philosophy Centre, 2012年7月31日）、http://peacephilosophy.blogspot.jp/2012/07/blog-post_31.html。

42) 原発民衆法廷の決定（判事は鵜飼哲、岡野八代、田中利幸、前田朗）については、原発を問う民衆法廷実行委員会編『原発民衆法廷③』（三一書房、2012年）120-122頁。
43) 浦田賢治「核兵器と核エネルギーの犯罪性」（Peace Philosophy Centre, 2011年10月25日）, http://peacephilosophy.blogspot.jp/2011/10/kenji-urata-nuclear-weapons-and-nuclear.html.
44) 世界の原発禁止憲法としては、1979年ミクロネシア連邦憲法、1981年パラオ憲法、1999年オーストリア憲法がある。これらは原発だけでなく核兵器も禁止しているのは、核の本質的危険性を認識しているものといえよう。ミクロネシア連邦とパラオの憲法は、マーシャル諸島で何度も行われたアメリカの原水爆実験の被害体験を踏まえて制定されたものである。オーストリアの非核憲法の制定背景は本文で言及した通りであるが、原発禁止規定の厳格さに関しては、オーストリア憲法はミクロネシアやパラオの憲法よりも徹底している。

第 2 章

原発に関する生命権的人格権論の意義と検討課題
──大飯原発・福井地裁判決に関連して──

I　はじめに

　東京電力福島第 1 原発事故の影響で2012年 5 月に国内の全原発が停止後、福井県の関西電力大飯原発 3・4 号機が、野田民主党政権が定めた暫定基準に基づき、同年 8 月に全国で初めて再稼働した。そこで、同年11月、原告住民らは関西電力を被告として、原発の再稼働を差止める民事訴訟を福井地裁に提起した。なお、2013年 9 月以降、同原発は定期検査で停止しているが、同原発も含め各地の原発の再稼働に向け、原子力規制委員会の新しい安全規制基準に基づく審査が進められている。
　このような中で、2014年 5 月21日、福井地裁は原告住民らが請求した原発稼働の差止めを認容したが、同判決には、原発の危険性に関する独自の判断だけでなく、憲法論的にも注目される見解が示されている。[1] 憲法論的には、人格権を憲法的権利として位置づけるとともに、人格権の根幹に生命権（あるいは生存権）をおく、いわば「生命権的人格権」（筆者による表現）として把握し、原発稼働の差止めの根拠としている点が注目される。そこで、当該人格権論を、これまでの判例の人格権論における位置づけをしておくことが必要である。これが本章の第 1 の検討課題である（II、III節）。
　他方、原発被害に関する権利侵害を人格権論に依拠して論ずることが適切なのかどうかも検討される必要があろう。というのは、原発のような公害・環境問題にかかわる権利侵害は、「生命権的人格権」という包括的な概念（表現）

の人格権侵害よりも、生命権と人格権を分離して、生命権や環境権侵害に重点をおいて扱うことの方が妥当かもしれないからである。仮に、「生命権的人格権」という概念を用いるとしても、生命権を重視する福井地裁判決の姿勢をより発展させるとすれば、生命権を人権の根幹におくべきだとする最近の人権論とのかかわり（接合）を踏まえておくことが課題となろう。また、当該地裁判決が原発事故とならんで戦争も、生命権的人格権侵害になりうることにも言及されている点に注目すると、生命権的人格権と平和的生存権の関係にも言及しておきたい。これが、本章の第2の検討課題である（Ⅳ節）。

さらに、判決は、原発について、「その存在自体が憲法上容認できないというのが極論にすぎるとしても」との表現で、原発自体の違憲論を原発稼働の差止めの根拠にすることを回避している。この点については当該判決全体の評価を何ら低めることにはならないが、「原発違憲論」を主張してきている筆者の立場からは、原発問題を人権論の観点だけではなく、平和論の観点を踏まえた憲法論として、さらに踏み込んで検討される必要があると思われる。これが、本章の第3の検討課題である（Ⅴ節）。

なお、上述の福井地裁判決後、同判決を担当した裁判長（樋口英明）は、2015年4月14日、関西電力の福井県高浜原発3・4号機の再稼働差止め仮処分決定においても、前判決と同様の論旨により住民の申し立てを認めた。他方、九州電力川内原発1・2号機の再稼働差止め仮処分決定において、鹿児島地裁は同年4月22日、住民の申し立てを却下した。原発の安全対策を強化したとされる再稼働に関する新規制基準について、福井地裁は合理性に欠けるとしたが、鹿児島地裁は不合理な点はなく住民の人格権（人格的利益）を侵害しないとした点などで両決定の判断が分かれている中で、上記4月14日の福井地裁仮処分決定を不服とする関西電力側の差止め執行停止申し立てに対して、同年5月18日、福井地裁（林潤裁判長）は「決定を取り消すような明らかな事情について説明があったとはいえない」として却下した。

II 原発と生命権的人格権論——大飯原発・福井地裁判決の意義

　大飯原発・福井地裁判決の意義は、原発の特性に伴う具体的危険性認識を踏まえたうえでの、独自の人格権論、いわば「生命権的人格権」論の展開にあるといえる。この点について、筆者なりに項目を立てて、当該判決の論理・特色について、以下で若干の評価を加えつつ概観する。[6]

1　生命権的人格権の権利的性格

　まず、生命権的人格権の権利的性格について、判決は、「生存を基礎とする人格権」は「公法、私法を問わず、すべての法分野において、最高の価値を持つとされている以上、本件訴訟においてもよって立つべき解釈上の指針である」と述べている。

　さらに、判決は、「個人の生命、身体、精神及び生活に関する利益は、各人の人格に本質的なものであって、その総体が人格権であるということができる。人格権は憲法上の権利であり（13条、25条）、また人の生命を基礎とするものであるがゆえに、我が国の法制下においてはこれを超える価値を他に見出すことはできない。したがって、この人格権とりわけ生命を守り生活を維持するという人格権の根幹部分に対する具体的侵害のおそれがあるときは、その侵害の理由、根拠、侵害者の過失の有無や差止めによって受ける不利益の大きさを問うことなく、人格権そのものに基づいて侵害行為の差止めを請求できることになる。人格権は各個人に由来するものであるが、その侵害形態が多数人の人格権を同時に侵害する性質を有するとき、その差止めの要請が強く働く」と述べている。

　当該判決の人格権の定義や憲法上の根拠は、後述の大阪国際空港訴訟控訴審判決（昭和50.11.27）をほぼ踏襲しているが、福井地裁判決が人格権の基礎ないし根幹に人の「生存」ないし「生命」を重視して位置づけている点（生命権的人格権ないし生存権的人格権）は、大阪国際空港訴訟控訴審判決にはみられない。このような認識の下で、福井地裁判決は、生命権的人格権が具体的に侵害

される恐れがあるときは、いわば国の原発・エネルギー政策の必要性や他の権利等と生命権とを利益考慮することなく、人格権に基づく原発稼働差止め請求が認められるとの解釈指針を提示しているといえる。この点は、人格権を訴えの入り口（訴えの利益）としては権利性を認めるが、実体判断の結果としては国の原発・エネルギー政策を優先し、結論的には人格権侵害を認めない従来の判決（後述の女川原発仙台地裁判決［平成6.1.3］等）と決別するものである。

なお、人格権に基づく原発差止め（民事裁判）を最初に認容した後述の志賀原発2号機訴訟金沢地裁（平成18.3.24）は、例外的に人格権を実体判断においても生かしているが、当該福井地裁判決は金沢地裁判決を踏まえつつも、それ以上に、生命権的人格権を優越的保障に値するものとして位置づけているといえよう。

2 生命権的人格権の優越的保障

以上の前提を踏まえて、福井地裁判決は、原発が求める経済活動の自由よりも生命権的人格権が優越することを、次のように説明している。

「人格権に基づく差止め請求訴訟としては名誉やプライバシーを保持するための出版の差止め請求を挙げることができる」が、「これらの訴訟は名誉権ないしプライバシー権と表現の自由という憲法上の地位において相拮抗する権利関係の調整という解決に困難を伴うものであるところ、これらと本件は大きく異なっている」。「本件ではこの［生命を守り生活を維持する利益である人格権の］根源的な権利と原子力発電所の運転の利益の調整が問題となっている」。しかし、「原子力発電所は、電気の生産という社会的には重要な機能を営むものではあるが、原子力の利用は平和目的に限られているから（原子力基本法2条）、原子力発電所の稼働は法的には電気を生み出すための一手段たる経済活動の自由（憲法22条1項）に属するものであって、憲法上は人格権の中核部分よりも劣位に置かれるべきものである」と。

ここでは、経済的自由権と精神的自由権に関して、前者よりも後者の優越性が認められるとする人権の「二重基準」論を想定した立論がなされているが、生命権的人格権に対しては、経済的自由権はもとより、一般的な精神的自由権

よりもさらなる優越性が与えられているといえる。

　このような前提を踏まえ、判決は原発の差止めについて、「大きな自然災害や戦争以外で、この根源的な権利が極めて広汎に奪われるという事態を招く可能性があるのは原子力発電所の事故のほかに想定し難い。かような危険を抽象的にでもはらむ経済活動は、その存在自体が憲法上容認できないというのが極論にすぎるとしても、少なくともかような事態を招く具体的危険性が万が一でもあれば、その差止めが認められるのは当然である。このことは、土地所有権に基づく妨害排除請求権や妨害予防請求権においてすら、侵害の事実や侵害の具体的危険性が認められれば、侵害者の過失の有無や請求が認容されることによって受ける侵害者の不利益の大きさという侵害者の事情を問うことなく請求が認められていることと対比しても明らかである」と述べている。

　また、判決は、「技術の危険性の性質やそのもたらす被害の大きさが判明している場合には、技術の実施に当たっては危険の性質と被害の大きさに応じた安全性が求められることになるから、この安全性が保持されているかの判断をすればよいだけであり、危険性を一定程度容認しないと社会の発展が妨げられるのではないかといった葛藤が生じることはない。原子力発電技術の危険性の本質及びそのもたらす被害の大きさは、福島原発事故を通じて十分に明らかになったといえる」と述べている。

　ここでは、原発差止めの根拠となる過失責任論においては、いわゆる「危惧感説」がとられているとの評価が可能である。「危惧感説」は、「今までに起きたことがなく、どのようなメカニズムで発生するのかが確実に分かっていないような『未知の危険』であっても、起きる可能性が合理的に予測される危険については、業務の性質によっては責任を問える」とする見解である。換言すれば、「もしかしたらそうなるかもしれないと合理的に心配できる」なら、危険の「予見可能性」があったとみなす「危惧感説」は学説では少数説であるが、「すでに起きたことがあり、具体的、確実に予測することができる危険（「既知の危険」）についてのみ、責任を問える」とする通説の「具体的予見可能性説」では責任追及できにくい性格の危険や事故に対しては有効な見解といえよう。この見解は、高度な産業・科学技術社会において、一定の「許された危険」を

認めざるをえないような事故（自動車や航空機による事故）とは異なる、原発（事故）のような「許されない危険」が予測されるものについては、「万が一にも事故を起こさないよう、一般より高い注意義務が特別に課される」ことになるとの考えに基づいている[7]。

なお、上記の生命権的人格権の優越的保障以外に、この判決箇所で注目されるべき点としては、原発事故とならんで戦争も、生命権的人格権侵害になりうることが言及されていることである。この論点については、平和的生存権を「全ての基本的人権の基礎にあってその享有を可能ならしめる基底的権利である」と性格づけ、憲法前文や９条のほか、「人格権を規定する憲法13条をはじめ」、個別的人権規定を根拠とし、具体的権利性を有する憲法上の権利として位置づけている自衛隊イラク派兵差止め請求事件名古屋高裁判決（平成20.4.17）の見解と比肩しうるところであり、人権の根幹に生命権をおく最近の学説との接合（関連づけ）が検討される必要がある（後述）[8]。

3　原発の安全性に関する司法審査の在り方と立証責任

上記の生命権的人格権の優越的保障の法理からすると、原発の安全性に関する司法審査は、「原子炉規制法をはじめとする行政法規の在り方、内容によって左右されるものではない」ことになる。つまり、「放射性物質の使用施設の安全性に関する判断については高度の専門性を要することから科学的、専門技術的見地からなされる審査は専門技術的な裁量を伴うものとしてその判断が尊重されるべきことを原子炉規制法が予定しているものであったとしても、この趣旨とは関係なく……司法審査がなされるべきで」、「裁判所の判断は……必ずしも高度の専門技術的な知識、知見を要するものではない」。

これは、本判決が述べているように、原発設置許可処分取り消し訴訟［行政裁判］に関する伊方最高裁判決（平成4.10.29）[9]が、原発災害が万が一にも起こらないようにすることが必要だとしつつも、実体判断において原子力委員会等の原子炉施設の安全性審査も重視し、結論的には被告行政庁側の判断に不合理な点がないとして、原告の訴えを棄却した解釈手法にとらわれない立場であることを表明している。それは、民事裁判では、行政裁判とは異なる司法審査を

第2章　原発に関する生命権的人格権論の意義と検討課題

行うことができるという解釈を示したともいえる。このような解釈に対しては、原発関連学会等からは専門的な原子力科学を無視するとの批判があるし、原発稼働を前提として原発稼働の行政裁量を容認してきた行政法論（学説）からの批判もありうるであろう。しかし、これらの批判は、深刻な福島原発事故以降も維持できるものかどうか、今後さらに検討されていく必要がある。

次に、生命権的人格権の優越的保障の法理からすると、生命権的人格権侵害の立証責任はどのように解されるのであろうか。これについては、判決は次のように述べている。すなわち、「原子力発電所の差止め訴訟において、事故等によって原告らが被ばくする又は被ばくを避けるために避難を余儀なくされる具体的危険性があることの立証責任は原告らが負うのであって、この点では人格権に基づく差止め訴訟一般と基本的な違いはなく、具体的危険でありさえすれば万が一の危険の立証で足りるところに通常の差止め訴訟との違いがある」。また、原発設置許可取り消しの行政訴訟でとられるような、「原告らに具体的危険性の立証責任を負わせるという手法は……本件訴訟［差止め民事訴訟］においては迂遠」で、「当裁判所はこれを採用しない」と。

これまでの原発による人格権侵害の立証責任は、原告が具体的危険性を証明することが求められてきたが、当該判決は、具体的危険性とはいっても、万が一の危険の立証で足りるとしている点に特色がある。この点は、後述の志賀原発2号機訴訟金沢地裁判決（平成18.3.24）よりも、原告に有利な立証方法であるといえよう。これも、生命権的人格権の優越的保障の法理や、過失責任論における「危惧感説」が前提になっていることに起因していると考えられる。

4　本件原発の再稼働差止めの必要性判断

以上のことから結論として、判決は、以下に言及する本件原発の具体的危険性の実態的判断（下記の5）を踏まえて、「国民の生存を基礎とする人格権を放射性物質の危険から守るという観点からみると、本件原発に係る安全技術及び設備は、万全でないのではないかという疑いが残るというにとどまらず、むしろ、確たる根拠のない楽観的な見通しのもとに初めて成り立ち得る脆弱なものであると認めざるを得ない」、「本件原発の運転によって直接的にその人格権

が侵害される具体的な危険があると認められるから、これらの原告らの請求を認容すべきである」と述べている。

　なお、判決は、原子力規制員会の新しい安全規制基準に基づく審査では、上記のような問題点が解消されることがないまま原発が稼働される可能性があることも指摘している。この点は、現在の安倍政権下の原子力規制委員会において、原発再稼働を進める方向での審査が行われていることへの警鐘ともいえよう。

5　本件原発の具体的危険性の実態的判断

　以上において、生命権的人格権論を中心とした判決の法的論理（構成）を概観してきたが、その前提にある本件原発の具体的危険性の実態的判断（「危惧感」説によれば、未知の危険であっても起きる可能性が合理的に予測される証拠提示）について、ここで言及しておくことにする。

　判決は、原子力発電の特性について、「施設の損傷に結びつき得る地震が起きた場合、速やかに運転を停止し、運転停止後も電気を利用して水によって核燃料を冷却し続け、万が一に異常が発生したときも放射性物質が発電所敷地外部に漏れ出すことのないようにしなければならず、この止める、冷やす、閉じ込めるという要請はこの３つがそろって初めて原子力発電所の安全性が保たれることとなる」、「しかるに、本件原発には地震の際の冷やすという機能と閉じ込めるという構造において次のような欠陥がある」と指摘している。

　まず、冷却機能の維持に関しては、被告が主張するような、例えば、大飯原発には1260ガルを超える地震は来ないという主張に対しては、これまでの地震記録に照らして確実な科学的根拠はないと批判している。また、700ガルを超えるが1260ガルに至らない地震は到来しないとする主張に対しては、全国で４つの原発に５回にわたり、想定した地震動を超える地震が、2005年以降10年たらずの間に到来している事実を重視すべきであるとし、この想定地震動を超える地震が到来した場合、原発が冷却機能を喪失し、炉心損失を経てメルトダウンすれば、放射性物質の拡散により周辺住民が被ばくし、または被ばくを避けるために長期間の避難を要することは確実であると批判している。

次に、閉じ込めるという構造（使用済み核燃料の危険性）に関しては、判決は、使用済み核燃料は原子炉格納容器の外の建屋内の使用済み核燃料プールと呼ばれる水槽内に置かれているが、同プールから放射性物質が漏れたときこれが原子力発電所施設外部に放出されることを防御する原子炉格納容器のような堅固な設備は存在しない状態で、全交流電源が喪失すれば3日を経ずして、わが国の存続にかかわるほどの被害が生ずるとの問題点を指摘している。

6 その他の論点

判決は、その他の論点として、原告が人格権とは別に主張した環境権に基づく請求については「選択的なもの」だとして、その可否を判断する必要性を認めていない。また、核廃棄物の処分に関する将来世代の責任論については、現在の国民の法的権利に基づく差止め訴訟を担当する裁判所には判断の必要がないとしている。この見解は、確かに裁判実務的には理解できるものである。しかし、環境権論にしても、人権の本質にかかわる将来世代の責任・権利論にしても、これらは原発違憲論を検討するさいには、必ずしも無視してよい問題ではないであろう（後述Ⅲ）。

他方、判決は、被告の主張した原発稼働による電気代のコスト低減論に対しては、多数の人の生存そのものにかかわる権利と並べて論ずることは法的に許されないこと、原発停止で貿易赤字が出て国富が流失するという主張に対しては、原発で豊かな国土で生活できなくなることこそが国富の喪失であること、原発稼働が二酸化炭素排出削減に資するという主張に対しては、深刻な原発事故が起きると環境汚染はすさまじいことなどを論拠に、原発稼働論を批判している。

このような注目しうる判決のコメントは、2011年3月の福島原発事故以前の原発判決でみられた原発稼働に対する楽観的姿勢（「原発の安全神話」）とは、きわめて対照的である。当該楽観的姿勢の一例として、原子炉設置許可処分取り消しを求めた住民らの請求を棄却した福島原発第2原発訴訟・仙台高裁判決（平成2.3.20)[11]は、次のように述べている。すなわち、「我が国民が、原子力と聞けば、猛烈な拒否反応を起こすのはもっともである。しかし、反対ばかりし

ないで落ち着いて考える必要がある」とか、「原発をやめるとしたら、代替電気は何にするのか」と問題を投げかけ、火力発電では二酸化炭素が発生し、地球温暖化問題が生じるといった問題があり、「結局のところ、原発をやめるわけにはいかないであろうから、研究を重ねて安全性を高めて原発を推進するほかないであろう」と。

7 小 括

本判決は、原発の具体的危険性の実態的判断とともに、原発稼働の差止めの根拠となる生命権的人格権論を積極的に展開している点で注目される。それは、2011年3月の福島原発事故を経験することがなければ出されなかった判決である。その意味では、同判決は、今後の原発関連裁判のみならず、政府の原発やエネルギー政策の是非を検討するさいにおいても無視できない。また、脱原発論にとっては有益な視点と提言を与えているといえよう。しかし、冒頭で言及した2015年4月22日の川内原発差止め仮処分申請を却下した鹿児島地裁決定では、福井地裁判決の論理や原発の具体的危険性の実態的判断は全く無視され、原発稼働が正当化されている。

Ⅲ 生命権的人格権に関する先例

ここでは、福井地裁判決が原発差止めの根拠とした人格権、とりわけ生命権的人格権論の先例となっていると考えられる代表的判例について概観するが、その前に、原発関連判決ではないが、人格権に基づく差止め請求に関する最高裁判決についてコメントしておくことにする。

最高裁判決では、名誉権を内容とする人格権については、表現の自由との関係で人格権侵害に対する差止め請求は認められている。そのリーディングケースである北方ジャーナル事件最高裁判決（昭和61.6.11）[12]は、「人格権としての名誉権に基づき、加害者に対し、現に行われている侵害行為を排除し、又は将来生ずべき侵害を予防するため、侵害行為の差止めを求めることができるものと解するのが相当である。けだし、名誉は生命、身体とともに極めて重大な保

護法益であり、人格権としての名誉権は、物権の場合と同様に排他性を有する権利というべきであるからである」と述べている。

しかし、公害や原発に関する最高裁判決では、大阪国際空港訴訟（昭和56.12.16）[13]や上記の伊方原発訴訟（平成4.10.29）などにみられるように、人格権の性格や、とりわけ生命権に着目した人格権に基づく差止めの可否について言及したものはない。したがって、この点について知ろうとすれば、以下に言及するような下級審判決をみる必要がある。

1　大阪国際空港訴訟控訴審判決（昭和50.11.27）

大飯原発・福井地裁判決の原発差止めの根拠となっている人格権の定義や性格づけは、上述したように、深夜から翌朝にかけての航空機の離着陸の差止め（民事裁判）を認めた大阪国際空港訴訟控訴審判決の人格権論をほぼ踏襲しているといって差し支えない。同控訴審判決[14]によれば、「個人の生命・身体の安全、精神的自由は、人間の存在に最も基本的なことがらであって、法律上絶対的に保護されるべきものであることは疑いがなく、また、人間として生存する以上、平穏、自由で人間たる尊厳にふさわしい生活を営むことも、最大限尊重されるべきものであって、憲法13条はその趣旨に立脚するものであり、同25条も反面からこれを裏付けているものと解することができる。このような、個人の生命、身体、精神および生活に関する利益は、各人の人格に本質的なものであって、その総体を人格権ということができ、このような人格権は何人もみだりにこれを侵害することは許されず、その侵害に対してはこれを排除する権能が認められなければならない」。また、「このような人格権に基づく妨害排除および妨害予防請求権」は、「私法上の差止請求の根拠となりうる」し、「実定法の規定をまたなくとも当然に承認されるべき基本的権利」でもある。

この判決が述べる人格権については、「絶対的価値を含めて根源的、総合的にとらえること」により、「従来の人格権論を超え深化させた」といった評価もなされている[15]。確かに、そのような評価も可能であるが、しかし当該判決では、生命（権）は人格権の中核に位置づけられておらず、総体的権利である人格権の1つとして、身体や精神等の自由（権）といった他の権利と並列されて

いるにすぎないという問題があることにも留意しておく必要がある。

なお、環境権については、同判決は、人格権を根拠に公害差止めが認容されるので判断する必要はないという消極的姿勢をとっている。この点は、大飯原発・福井地裁判決にも踏襲されているといえよう。

2 女川原発仙台地裁判決（平成6.1.3）

さて、原発関連において人格権を根拠に原発稼働の差止め（民事裁判）が可能なことを認めた下級審判決としては、女川原発仙台地裁判決がある[16]。同判決は、「個人の生命・身体の安全を内容とする人格権は、物権の場合と同様に排他性を有する権利というべきであり、生命・身体を違法に侵害され、又は侵害されるおそれのある者は、人格権に基づき、加害者に対し、現に行われている侵害行為を排除し、又は将来生ずべき侵害を予防するため、侵害行為の差止めを求めることができるものと解するのが相当である」と述べている。

ただし、同判決は、原子力発電所の政策的必要性を優先させ、本件において人格権の侵害が生ずる可能性がないとして、原告の請求を棄却している。

なお、同判決は、環境権については人格権と基本的に同一であり、差止め請求権の根拠となりうるとしている。環境権については、他の下級審や最高裁を含め、法的権利性ないし具体的請求権を認める判決がない中では、注目されよう。しかし、同判決の人格権の定義については、上記の大阪国際空港訴訟控訴審判決を一応踏まえているといえようが、人格権の性格については当該大阪国際空港訴訟控訴審判決のような積極的な意義づけは感じられない。それは、公害や原発を必ずしも想定したものでない人格権（名誉を内容とする人格権）を扱った北方ジャーナル事件最高裁判決を参照していることにも起因し、人格権の性格づけの簡略さ（消極性）の弱点が露呈したものと思われる。

それはともかく、公害や原発に関する下級審判例では、結論で差止めが認められるか否かは別として、人格権（概念）に依拠した差止め容認論がみられるようになってきていることは確かであり、次の志賀原発2号機訴訟金沢地裁判決もそうである。

3　志賀原発2号機訴訟金沢地裁判決（平成18.3.24）

　当該金沢地裁判決によれば[17]、人格権の性格は、「個人の生命、身体及び健康という重大な保護法益が現に侵害されている場合、又は侵害される具体的な危険がある場合には、その個人は、その侵害を排除し、又は侵害を予防するために、人格権に基づき、侵害行為の差止めを求めることができると解される」。あるいは、「差止め請求の根拠となる絶対的権利としての『人格権』は、名誉とプライバシーとを別とすれば、生命、身体及び健康を中核とする権利として捉えるべきもの」であるから、「本件原子炉の運転により原告らの生命、身体及び健康が侵害される具体的な危険があり、その侵害が受忍限度を超えて違法である場合には、人格権に対する侵害を予防するためその運転の差止めを求めることができる」と解される。

　この金沢地裁判決の人格権は大阪国際空港訴訟控訴審判決を踏まえているといえるが、人格権の中核に何をおくかについては、大阪国際空港訴訟控訴審判決が広く「個人の生命、身体、精神および生活に関する利益」をおいているのに対し、金沢地裁判決は「精神」を除いた「生命、身体及び健康」に限定している。その相違は判決からは明らかではない（大阪国際空港訴訟では騒音被害との関係で「精神」的利益も重視されたのかもしれない）が、金沢地裁判決は人格権を「絶対的権利」として強調している点に特色がある。

　そのうえで、人格権侵害の立証については、同判決は次のように述べている。すなわち、原子炉施設の安全設計等に関する資料はすべて被告（電力会社）が保有している事実にかんがみると、原告が「許容限度を超える放射線被ばくする具体的可能性があることを相当程度立証した場合には、公平の観点から」、被告は、「原告らが指摘する『許容限度を超える放射線被ばくの具体的危険』が存在しないことについて、具体的根拠を示して反証しない場合には」、「上記の『許容限度を超える放射線被ばくの具体的危険』の存在を推認すべきである」と。そして、この立証責任論を踏まえ、判決は、本件原子炉の耐震設計が、想定される地震に耐えうるという被告の反証は成功していないから、周辺住民は許容限度を超える放射線被ばくする具体的危険が存在することを推認すべきである、と判示している。

この金沢地裁判決の立証責任論においては、原告に有利になる解釈論を提示しており評価しうるが、放射線被ばくの「受忍限度」論や「許容限度」論といった一種の比較（利益）衡量論がとられている。この点については、福井地裁判決は、生命権的人格権をより重視する視点から、そのような比較衡量論的司法審査論をとることをできるだけ自覚的に退けているように思われる。それはともかく、金沢地裁判決は、その後最高裁（平成22.10.28）で棄却されることになるが[18]、福島原発事故以前おいて、原発稼働の差止め請求を認容した民事裁判では唯一のものであり、注目されてきたものである。

4　小　　括

以上のことから、福井地裁判決とその先例の関連性についていえることは、福井地裁判決は大阪国際空港訴訟控訴審判決と金沢地裁判を踏まえており、金沢地裁に比べると、生命権を重視した人格権論（憲法論的論理）の展開や、原発の安全性に関する司法審査の在り方と立証責任論において、原告住民らに有利になる論理（構成）を意欲的に展開しているということである。この点は、金沢地裁判決を書いた井戸謙一元裁判官（現在は弁護士）も評価している[19]。

しかし、生命権を人格権の下に包摂する概念構成（本章で使用する「生命権的人格権」論）は、裁判実務の世界では通用しやすいかもしれないが、憲法論（憲法学）的には、生命権の独自性を探求する阻害要因になる恐れがある。また、同様のことは、環境権の独自性の探求に関しても指摘できる。環境権については、金沢地裁判決は、権利内容やそれが認められる要件が明らかでないとして、差止め請求の根拠となりうると解することは困難であると述べている。この点は、上記の大阪国際空港訴訟控訴審判決や大飯原発福井地裁判決に共通している。人格権も環境権も実定法的権利でないにもかかわらず、環境権だけが軽視されている判例の中で、女川原発仙台地裁判決が環境権と人格権を同等に扱う姿勢を示しているのは興味深い。とはいえ、これらの判決ではいずれにしても、その理由はほとんど説明されていないという問題がある。

Ⅳ 生命権的人格権論の検討課題（その１）
――生命権論および平和的生存権論との関連で

1 原発問題における生命権的人格権論の問題

　環境・公害問題を扱う場合には、人格権論中心の人権論構成（「生命権的人格権」論）に疑問を呈する見解はこれまでになかったわけではない。例えば、大阪国際空港訴訟に関連して、戸波江二が、「人格権は本来個人の名誉等の人格的利益に関わるものであり、公害による身体の侵襲やその危険の排除の根拠としては若干そぐわない」として、公害の差止め請求の根拠には、人格権ではなく、「憲法13条の『生命の権利』、および25条の『健康な生活を営む権利』から導き出される『生命・身体・健康の安全を求める権利』をもちだすことも考えてよかろう」と述べている[20]。また、戸波は別の論稿において、「環境権に代えて人格権を援用することは」、人格権の「外延を広げすぎ」、「人権論の構成として必ずしも適切ではない」と述べている[21]。

　確かに、精神・身体や財産的自由のほか健康等の生存権的権利といった人格的な生存に関する利益が害されるような公害等の場合には、人格権による権利侵害論でも対応できるであろうが、特に原発事故のような環境問題の場合は、人間の生命（権）とそれを根幹とする生存権や、将来にわたる環境（権）に対する権利侵害論を重視すべきではないだろうか。

　筆者が「原発違憲論を検討するさいには、人権の本質にかかわる将来世代の責任・権利論は必ずしも無視してよい問題ではないであろう」と上述した点にかかわって、地球規模の深刻な環境・公害問題を考えるには、環境権を憲法13条・25条だけでなく、憲法11条・97条の「現在及び将来の国民」や国連環境会議等でいわれている「現在及び将来世代」の権利保障の関連でも、原発稼働の人権侵害性を明らかにしていく必要があろう。そうした方が、生命権や環境権、あるいはその他の個別的人権（精神的生活利益に関する人格権、財産権、営業の自由、居住・移動の自由、働く権利、学校で教育を受ける権利等）との関連でも、原発稼働の人権侵害性を明らかにしていくことが可能となり[22]、後述のように、特に生命権の独自の意義や権利性を深めていくことにもつながる。

また、人格権は福井地裁判決等にみられるように、憲法規定にはないが包括的人権として用いられるほか、憲法学では、憲法13条の幸福追求権（自己決定権）の関連で、人間存在の理性的・倫理的側面に着目した「人格的利益」とか「人格的自律（権）」を意味するか否かといった形で用いられており、人格権の概念の多義性（多次元的使用）による不明確さは否めない。この点からも、原発関連では、生命権的人格権論は、生命権論の独自性に焦点を当てた考察に進めるべきである。仮に「人格権」概念を用いるとしても、この点に留意する必要がある。

2 生命権的人格権論と生命権論

上記の検討課題を進めるにあたり、人権の根幹に生命権をおいて人権論を再考する憲法学説として、山内敏弘と上田勝美の論稿が注目される[24]。両論稿は人権の歴史的発展や類型論等との関連で理論的に再考されているが、山内の場合は、東日本大震災と福島原発事故により様々な人権侵害が起きたことに関連して、「とりわけ生命権の侵害（の危険性）が大きく浮上してきたように思われる」との問題意識に基づき、憲法13条の生命権を自由権や幸福追求権とは別個の、人権体系の中での「最も根源的な人権」として位置づけ、その権利性については、大きくは①生命についての侵害排除権と、②生命についての保護請求権に分ける。さらに、前者は平和的生存権、死刑を科せられない権利、生命に対する自己決定権に、後者は生存権（25条）、生命の侵害（の危険）からの保護請求権に分けられるとする。また、生命権と他の人権との調整が問題となる場合には、「生命権が基本的により重視されなければなら」ず、とりわけ「侵害排除権としての生命権」については、「裁判所においても最も厳格な審査基準で審査されなければならない」と述べている[25]。

上田勝美は、山内説に触発されて福島原発事故以前に書かれた論稿においてではあるが、戦争によって現在も世界の多くの人命が殺傷されている現実と、地球環境の汚染・破壊等によって全世界の国民が健康に生きる権利が侵害されている現実を踏まえ、生命権を軸に据えた人権論の再検討の必要性を唱えるとともに、平和的生存権等に関して、幸福追求権よりも、その根底にある生命権

を核心において考えるべきであると述べている（この点については後述）[26]。

なお、山内、上田の両学説以前にも、生命権を人権の基礎におく学説として、憲法学では小林直樹の見解[27]、刑法学では平川宗信の見解[28]等がみられる。

しかし、人権体系論における生命権の位置づけについては、それらの諸説の中では相違がみられる。山内説が、個人の尊重等の総則的原理の後に、生命権（平和的生存権を含む）を位置づけるのに対し、上田説は生命権を第一におくべきだとし、その後に個人尊重権・幸福追求権等々を位置づけている。小林説も上田説に近似している。平川説の場合は（刑法の保護法益論の体系化を目的に）、憲法を基準に、生命をはじめとするすべての生活利益を含むとされる平和的生存権（憲法前文、9条）を第一におき、その後に、生命・身体、自由、人格的利益等々を順次位置づけている。この平川説は、生命権を広義の生命権と憲法13条の狭義の生命権に分けて使用しているように思われる。

このような生命権論に関する学説における相違はあるにしても、生命権を人権論の根幹におく諸説（人権哲学）が提示されていることを踏まえ、上述した大飯原発福井地裁判決のような生命権的人格権論を深化・発展させることが今後の課題であろう。ここでは、その問題提起にとどめる。

3　生命権的人格権論と平和的生存権論

福井地裁判決で注目されるべき点として、原発事故とならんで戦争も、生命権的人格権侵害になりうることが言及されていることに関連して、筆者は、次のように述べておいた（上記）。すなわち、平和的生存権を「全ての基本的人権の基礎にあってその享有を可能ならしめる基底的権利である」と性格づけ、憲法前文や9条のほか、「人格権を規定する憲法13条をはじめ」、個別的人権規定を根拠とし、具体的権利性を有する憲法上の権利として位置づけている自衛隊イラク派兵差止め請求事件名古屋高裁判決（平成20.4.17）の見解と比肩しうるところであり、注目される。この論点については、人権の根幹に生命権をおく最近の人権論（学説）との関連で検討される必要がある、と。

ここで筆者が指摘したいことは、福井地裁判決によれば、戦争も生命権的人格権侵害になりうるものだとすれば、平和的生存権には何ら言及していない

が、平和的生存権侵害は生命権的人格権侵害ともなりうるという含意が含まれていることと、福井地裁と名古屋高裁の両判決がそれぞれ、生命権的人格権と平和的生存権がすべての人権の基礎にあるものと認識していることを踏まえると、原発事故や戦争による人間の生命ないし生存の侵害を人権侵害として捉える感性が芽生えつつある今日的状況下では、人権の根幹に生命権をおいて人権論を再考する意義があるということである。

なお、自衛隊イラク派兵差止め請求事件に関し、京都地裁を経て大阪高裁で争われた控訴審判決（平成20.2.18）では、原告の請求は棄却されたが、当該事件の原告側が主張した生命権を重視する平和的生存権の観念が認められている。すなわち、同判決は、「憲法の定めた恒久平和主義の理念は、戦争の惨禍により侵害されることになる生命権ないし平和的生存権の保障をその内実とする」と指摘し、生命権と平和的生存権を同等の人権としてみるとともに、平和的生存権の核心ないし前提に生命権を位置づける見解にも肯定的であり、同趣旨の陳述を法廷で行った上述の上田勝美の見解に言及している点が注目される[29]。

V　生命権的人格権論の検討課題（その２）——原発違憲論との関連で

福井地裁判決が、原発について、「その存在自体が憲法上容認できないというのが極論にすぎるとしても」との表現で、原発自体の違憲論を原発稼働の差止めの根拠にすることを回避していることについては上述した通りである。原発稼働に対する民事的な差止めは、福井地裁判決のように、生命権的人格権のような人権論的アプローチからだけでも認容されうるから、個別事例に即した法と証拠による堅実さが求められる訴訟実務においては、憲法学ではほとんど主張されてきていない原発違憲論にあえて立ち入る必要もなかったとも考えられる。

しかし、福井地裁判決の原発に関する違憲か合憲かの見解をあえて推論するとすれば、原発合憲論が前提にあるといえよう。それは、同判決の後に、高浜原発３・４号機の再稼働差止め仮処分において住民の申し立てを認めた福井地

裁(判事は同じ樋口英明)の決定において、次のような4つの条件を満たせば、原発の安全性が認められると述べられているからである。すなわち、①基準地震動を大幅に引き上げ、それに応じた根本的な耐震工事の実施、②外部電源と主給水の耐震工事の実施、③使用済み核燃料を囲む堅固な施設の設置、④使用済み核燃料プールの給水設備の耐震性強化という方策がとられることである、と。

このように、原発合憲論が前提にあれば、高く評価しうる福井地裁の判決を踏まえた決定においてさえ、個別事例によっては原発稼働が容認される余地を残すことにならざるをえない。

そこで、今後のさまざまな原発関連訴訟を想定すると、人権(人権侵害)論的アプローチにとどまらない原発違憲論が前提におかれることになれば、原発稼働に対する民事的な差止めの法的論理構成についても、より容易になるし、また、原発(事故)に関しての行政責任や刑事責任を追及したり、原発稼働を正当化している原子力基本法やその関連法の違憲審査をも可能になる。さらに、脱原発基本法・条例等の制定の提案や脱原発運動に対する有力な論拠を与えることになるし、原子力の平和利用を正当化している核不拡散条約(NPT)の限界を超えて原子力利用の国際法違反性論を提起していくさいの論拠ともなりうる。

日本国憲法は、オーストリア憲法のような、原発(稼働)を禁止する明文規定を有していないが、原発が核兵器の製造・保有・使用の潜在的能力であり、他国に対する潜在的核抑止力でもあるとすれば、原発は、憲法9条が禁ずる潜在的軍事力としての「戦力」に該当し違憲と解される。また、人権論的には、原発が国民の生命権を中心に、身体や幸福追求権、平和的生存権および社会権的生存権、財産権、環境権等々の人権(判例的には人格権)を明らかに侵害する点においても、原発は違憲と解される。この点については、原発禁止条項をもたないが、憲法の非武装平和主義と環境権保護の理念等から原発稼働について違憲判決を下したコスタリカ最高裁憲法法廷判決が参考になる。[30]

1) 判決については、http//www.courts.go.jp

第Ⅰ部　原発に関する憲法・人権論

2) 澤野義一「原発と憲法—原発違憲論の考察」『大阪経済法科大学21世紀社会研究所紀要』4号（2013年）19頁以下。
3) http//www.courts.go.jp
4) http//www.courts.go.jp
5) http//www.courts.go.jp
6) 福井地裁判決の評価については、井戸謙一「福井地裁大飯原発3、4号機運転差止め判決に寄せて」『法律時報』2014年8月号、『法と民主主義』2014年8・9月号、笠原一浩「大飯原発運転差止訴訟」『法学セミナー』2014年12月号、小出裕章ほか『動かすな、原発』（岩波書店、2014年）、第2回「原発と人権」全国研究交流集会「脱原発分科会」実行委員会『3・11フクシマの地から原発のない社会を』（花伝社、2014年）、古川元晴・船山泰範『福島原発、裁かれないでいいのか』（朝日新聞出版、2015年）などがある。
7) 古川元晴・船山泰範『福島原発、裁かれないでいいのか』（前掲）5-6頁のほか、同書第二・第三・第八章を参照。「危惧感」説は1960年代に刑法学者の藤木英雄により提唱された過失論（旧過失論、新過失論に対する新々過失論ともいわれる説）であり、若干の判例（森永ドライミルク中毒事件、昭和41.3.31高松高裁判決［『判例時報』447号3頁］等）でも採用されているが、判例や通説では必ずしも支持されているわけではない。刑法学での「危惧感」説に対する賛成論と反対論については、藤木英雄編『過失犯』（法学書院、1975年）参照。民法の過失論にも同様の論議があることについて、潮見佳男『債権各論Ⅱ　不法行為法（第2版）』（新世社、2009年）32頁以下参照。
8) http//www.courts.go.jp
9) 判決については、『判例時報』1441号37頁。
10) 原発関連学会などからの批判への反論については、舘野淳「大飯原発差し止め訴訟判決『批判』を反批判する」『法と民主主義』（前掲）55-57頁、原発稼働の行政裁量を容認してきた行政法論（学説）への批判については、斎藤浩編『原発の安全と行政・司法・学界の責任』（法律文化社、2013年）217頁以下（斎藤浩執筆）参照。
11) 『判例時報』1345号33頁。
12) 『判例時報』1194号3頁。
13) 『判例時報』1025号39頁。
14) 『判例時報』797号36頁。
15) 隅野隆徳「環境権と人格権（大阪空港公害訴訟）」樋口陽一編『憲法の基本判例』（有斐閣、1985年）43頁。
16) 『判例時報』1483号3頁。
17) 『判例時報』1930号25頁。
18) 判決集未登載。
19) 井戸謙一「福井地裁大飯原発3、4号機運転差止め判決に寄せて」（前掲）1-3頁。なお、金沢地裁判決の意義を指摘したものとして海渡雄一『原発訴訟』（岩波書店、2011年）51頁以下、同判決の意義および憲法論としての不十分さについて指摘した論稿とし

て、藤井正希「福井第一原発事故を招いた司法の責任」『群馬大学社会情報学部研究論集』20巻（2013年）56頁以下がある。
20) 戸波江二「空港の騒音公害と人格権」『憲法判例百選Ⅰ（第3版）』（有斐閣、1994年）57頁。
21) 戸波江二「『環境権』は不要か」ドイツ憲法判例研究会編『先端科学技術と人権』（信山社、2005年）371頁以下。
22) 澤野義一「原発と憲法―原発違憲論の考察」（前掲）25-27頁。同論文は本書第1章参照。
23) 根森健「幸福追求権」杉原泰雄編『新版　体系憲法事典』（青林書院、2008年）430頁以下。
24) 東日本大震災と福島原発事故を契機として書かれた辻村みよ子論文「『人権として平和』と生存権」『GEMC journal』no.7（2012年）は、平和的生存権の意義と権利構造について改めて検討し、平和的生存権の周辺に位置する種々の人権について、「13条から（侵害排除請求権としての）生命権、幸福追求権、環境権、25条から（社会権＝請求権としての）生命権、環境権、生存権が導き出せるであろう」と述べ、生存権、環境権、生命権についても論及しているが、生命権論については山内敏弘、上田勝美の議論に注目している（54頁）。

辻村論文以外にも、東日本大震災と福島原発事故を契機に、原発事故が生命権や平和的生存権等を侵害することを指摘する森英樹、浦田賢治、隅野隆徳、中里見博らの諸論稿が発表されている（本書第2章Ⅱの3参照）。
25) 山内敏弘「人権体系における生命権の再定位」憲法研究所・上田勝美編『平和憲法と人権・民主主義』（法律文化社、2013年）85頁以下。同「福島原発事故と生命・生存権」杉原泰雄ほか編『戦後法学と憲法』（勁草書房、2012年）451頁以下、同『人権・主権・平和』（日本評論社、2003年）収録（2頁以下）の「基本的人権としての生命権」も参照。
26) 上田勝美「世界平和と人類の生命権確立」深瀬忠一ほか編『平和憲法の確保と新生』（北海道大学出版会、2008年）2頁以下。
27) 小林直樹「人権価値を根底から考える」『憲法問題』9号（1998年）150頁以下。同「原子力と憲法」『法律時報』50巻9号（1978年）15頁以下も参照。
28) 平川宗信『刑法各論』（有斐閣、1995年）6-8頁。
29) 自衛隊イラク派兵差止め請求事件大阪高裁判決（平成20.2.18）については、Westlaw Japanデータベース参照。当該判決について憲法教科書で指摘しているものとして、澤野義一・小林直三『テキストブック憲法』（法律文化社、2014年）92頁（小林直三執筆）がある。なお、小林がそのような指摘をしたのは、中絶権等を念頭におきつつも、生命権を他の諸権利よりも先行するものとして位置づけようとしていることに関係している。それについては、小林直三『中絶権の憲法哲学的研究』（法律文化社、2013年）178-179頁参照。
30) 澤野義一「原発と憲法―原発違憲論の考察」（前掲）30頁以下。なお、原発を問う民

第Ⅰ部　原発に関する憲法・人権論

　　衆法廷実行委員会編『原発民衆法廷④』(三一書房、2012年、37-41頁) に掲載されている原告側「準備書面」(筆者の立論に依拠して書かれた主張) も参照。

第Ⅱ部

憲法9条が示す平和と安全保障
―― 集団的自衛権体制から永世中立へ ――

第3章

憲法9条の平和・安全保障としての永世中立論
――憲法の「歴史的発展」史観に依拠する平和論に即して――

I　はじめに

　1950年代以降、日本では、日米安保体制に対する批判論ないし代替案として中立政策や永世中立（非武装中立）論が主張されたが、東西冷戦崩壊後、日米安保体制に対する批判論はあっても、中立政策や永世中立の学術的研究および主張はあまりみられない[1]。それは、冷戦崩壊後、中立政策や永世中立への関心が薄れたことや、その存在理由がなくなったという認識が生まれたことなどに起因していると思われる。しかし、冷戦崩壊にもかかわらず、カンボジア憲法（1993年）、モルドヴァ憲法（1994年）、トルクメニスタン憲法（1995年）のように、新たに「永世中立憲法」が現代世界で登場しているのである。また、永世中立に関する外国の研究者の中には、憲法9条を「事実上の永世中立」規定とみる説も現れている[2]。

　そこで本章の問題関心は、冷戦崩壊以前から、憲法9条の平和主義・安全保障政策論として中立政策や永世中立を唱えていた論者が、将来における新たな「永世中立」ないし「永世中立憲法」の登場を理論的に裏づけ、かつ、それが世界的にも広まることを期待ないし展望していたかどうか、ということである。

　このような問題関心にマッチする日本の永世中立憲法論がないかどうかを振り返ってみると、憲法の「歴史的発展」史観に立つ憲法論に基づく永世中立論の存在に想い当たる。ここでいう憲法の「歴史的発展」史観に立つ憲法論と

は、「歴史的発展法則」とか「歴史的必然」といった歴史観を基礎において憲法現象（憲法の方法論、解釈論、政策論など）を考察するだけでなく、資本主義から社会主義への（社会構成体ないし憲法類型の）変革・移行を展望する憲法論を指す。そのような考えを鮮明にしているものとして、本章では、平野義太郎、鈴木安蔵、長谷川正安、影山日出弥らのマルクス主義憲法論と、必ずしもマルクス主義ではない田畑忍の憲法論を取り上げる。そして、これらの憲法論において、永世中立の憲法的論拠づけがどのようになされているか、また、「永世中立憲法」の登場を期待ないし展望する示唆をどの程度与えているかなどについて検討する。

それは、日米安保体制下での日米同盟関係の強化と、世界において依然として存在する軍事同盟関係に対する批判論ないし代替案として、憲法9条の平和主義と中立政策や永世中立の観点が重要であることを再認識するためである。

II マルクス主義憲法論と永世中立論

憲法の「歴史的発展」史観に立つ日本のマルクス主義憲法論者として平野義太郎、鈴木安蔵、長谷川正安、影山日出弥らをあげることができるが、憲法9条に関する安全保障・平和政策としては、中立政策ないし永世中立論を主張している点で共通している。このような主張を戦後いち早く行い、その後も詳しい理論を展開したのは平野である。筆者のみるところ、後続の鈴木、長谷川、影山らの議論も、平野から理論的影響を受けているものと思われるが、当該論者の論文相互に参照した文献が引用されていないのは残念である。

1 平野義太郎説

戦後日本におけるマルクス主義法学の創始者でもある平野義太郎[4]は、1950年の座談会「講和の法理」（平野のほか横田喜三郎、宮沢俊義、入江啓四郎が参加）において、日本国憲法の場合、一切の武力行使・戦争ができないとすれば、「軍事基地の提供、あるいは軍隊の通過なり、そういう積極的、消極的の戦争行為には、一切入らない、永久にいかなる国の戦争にも巻き込まれない、巻き込ま

第3章　憲法9条の平和・安全保障としての永世中立論

れるような基地を残さないという建前を憲法でもっているのだから、そういうところから新しい［永世中立の］観念が切出されて来るんじゃないか」（カッコは引用者）といい、国連加盟については、日本が「全然武力を拒否したいという建前において入ることが許されるというふうに国連の方が動いてくれなければ困る」と述べている。また、平野は、国際法の横田喜三郎が永世中立を19世紀的な「孤立主義」とみる懐疑論を主張したことに対し、人民の平和勢力が強くなった第2次世界大戦後の状況では、「戦争に巻き込まれないという」中立の観念こそが「はるかに積極的な平和愛好人民的国際主義」であると述べ、新しい永世中立論の可能性を示唆していることは注目される。

なお、このような主張は、日本の独立について全面講和論と永世中立論がさかんに議論されていた当時においては、必ずしも平野のようなマルクス主義者に独自のものではなかったことに留意する必要がある。

それはともかく、平野は1960年代以降、中立や平和思想に関する研究を積極的に行っている。1961年の論文「中立の新しい観念」では、憲法9条と永世中立の関係を明確にしている。すなわち、憲法9条が戦争放棄の規定を設けている以上は、「永世中立のような国際的ステータスをもたなくとも、日本国は中立の政策をとる国家類型である筈であった」として、「日本国憲法の規定する基本的な外交コースが日本を永世中立化すること、すくなくとも、中立政策を取って軍事同盟に参加しないことにすることは憲法のうえであきらかである」と述べている。

また、1961年の論文「現代における『中立』」では、核戦争の脅威がある現代世界における「中立」の積極的意義について考察している。それは、戦争を肯定したうえでの消極的な戦時中立でなく、戦争をやめさせる平時からの積極的平和・中立であり、「永世中立の観念と中立主義・中立政策とが、平和・中立という観念のもとに統一的に理解される」ような「中立」を意味する。この平野の指摘は評価できる点である。ただし、それは、社会主義国やアジア・アフリカ新興独立民族国家の中立勢力といった平和勢力と、帝国主義的戦争勢力とが平和共存が可能となり、「歴史的必然」となった段階での「中立」であり、「平和共存の一形態」としてのみ位置づけられる点は、冷戦後の今日的段階で

67

みると問題がある。

つまり、平野の中立論は、社会主義国の優位と平和勢力論を前提にしているが、その前提がくずれた今日における中立論としては、再検討を要する（社会主義を平和勢力とみる平野の考えは、社会主義の核実験を肯定することにつながっているという問題もある）[8]。憲法9条の平和主義と中立政策が普遍性をもつという認識に立てば、冷戦の存在や崩壊に左右されない中立論が必要ではなかろうか。その意味においては、平野の中立論は、一貫していないともいえる。

また、平野が非同盟諸国の中立主義について、社会主義国に友好的でないものについては「第三勢力的中立」論として否定している点も、永世中立と中立主義を統一的に把握する平野の観点からみて、視野が狭いように思われる。社会主義体制が崩壊した冷戦後において、カンボジアやトルクメニスタンのような、永世中立と非同盟・中立主義を結合した中立国（非同盟型永世中立）が誕生したからである。なお、冷戦下での非同盟型永世中立の先例としては、ラオス（1962年～1977年）やマルタ（1987年憲法）の例がある。

2 鈴木安蔵説

鈴木安蔵は、影山日出弥の指摘によれば、戦前おいてマルクス主義と交錯しつつ、「憲法学の学としての自立性を自覚し、この枠組みで憲法研究を試みた」唯一のマルクス主義憲法学者である。その1つの特徴としては、すでに戦前において、「憲法を歴史的発展の行程において把握しようとする憲法の歴史的研究領域と見地の形成によって、対象と方法の側から憲法を社会科学の一部門として成立させる水準へひきあげるいわば原点」を見出していたことである[9]。

それはともかく、鈴木は、このような憲法の発展史観を戦後の憲法9条の平和主義との関係で、どのように適用したのであろうか。この点については、あまり立ち入った研究は行っていないようであるが（鈴木が関与して1945年に作成された憲法研究会の憲法草案でも平和関連条項はない）、憲法9条の安全保障論として、1959年の論文「日本国憲法と自衛権」で、次のように、永世中立の意義を述べている。

すなわち、「国連憲章自身、個別的自衛権に加えて集団的自衛権なる観念を

第3章　憲法9条の平和・安全保障としての永世中立論

みとめているから、ひとたび軍事同盟ブロック方式がとられるならば、事実上、国連による安全な保証機能は、有名無実に帰するおそれがある。」「このような状況のもとにおいては、とくに、日本国憲法が諸国に先がけて示している絶対非武装、永久中立という日本の『安全と生存を保持する』ための基本政策こそは、日本にとって、考えうべき最も安全な現実政策である。のみならずそれは、全世界の国際平和に積極的に寄与する方策である。」そして、このような政策を国連や世界に向けて主張していくことは、「絶対非武装国家に対する中立の国際的承認を意味」し、「国連憲章本来の構想をさらに徹底し完成するものである」と。なお、鈴木は、永久中立以外に、非武装地帯の設置、核武装禁止地帯の設定、相互不可侵条約などの政策を、日本国憲法で求められる「自衛権の主張」の具体化とみている。[10]

この永世中立以外の具体的提案は、平野などの中立論でもすでに提案されているし、国連による日本の中立承認の主張についても、社会主義者の山川均などから1950年代の初め頃に提案されていたものであるので[11]、鈴木の独自の見解ではないが、非武装中立（永世中立）を「国連憲章本来の構想をさらに徹底し完成するもの」として位置づけている点は、注目される。というのは、国連憲章が集団的自衛権の行使を容認していることから軍事同盟を正当化する要因になっていることに対し、非武装中立（永世中立）を国連憲章に取り入れることは、集団的自衛権体制や軍事同盟を国際的規模でも容認しない制度を構想することになるからである。

3　長谷川正安説

長谷川正安の『新版　憲法学の方法』（1968年）によれば、マルクス主義法学は、「土台を対象とする経済学、土台と上部構造の全体をふくむ社会構成体の発展法則をあつかう歴史学を当然の前提とし」、その法解釈については、「解釈者の基本的立場が、歴史の発展法則を客観的に認識しうる立場であるかどうか、すなわち、歴史の発展法則を推進する立場にあるかどうか」が問題であると述べている。[12]これは、もちろん長谷川の憲法学の方法論でもあるが、戦後、鈴木のマルクス主義憲法学を批判的に継承している。[13]

さて、長谷川の憲法の歴史発展法則論は、憲法9条の平和主義においてどのように適用されているのであろうか。平野のような詳細な研究論文はないようであるが、上掲の『新版　憲法学の方法』によれば、当時の重視すべき憲法動向の1つとして、アジア・アフリカの集団的な発言の増大を背景とする「反植民地的・中立主義的な憲法思想」、あるいは日本の憲法との関係では、「アメリカにも従属せず、もちろんソ同盟にもかたよらず、とにかく国家主権を回復することが先決だとする、いわば中立主義の憲法思想」に期待している。[14]

また、1966年の論文「憲法と非武装中立」においては、憲法の前文と9条が、「自ら一切の軍隊をもたず、特定国と軍事条約をむすばず、諸国民と平和的関係のうちに生存する」という「非武装中立の考えにつうずる」とか、「国民に非武装中立がのぞましい中立政策のあり方であることを指示している」と述べている。

しかし、長谷川の中立や非武装中立論については、憲法9条の位置づけや歴史的発展の中での位置づけについて、必ずしも積極性と確信性が感じられない。この点について、長谷川は上掲論文において、次のように述べている。すなわち、非同盟諸国の中立政策が世界平和のために積極的役割を果たしうるかどうか分からないこと（インドやユーゴスラビアなどを念頭）、また「平和主義と民主主義の世論、その支配する国内政治の裏打ちのない中立政策は、米ソ二大国間の遊泳術であり、無原則な物乞い政策になりかねない」ことなどを考慮して、「中立が……現実の政策となるためには、その国内政治から出発して、その国のおかれている国際的情況を具体的に検討したのちでなければならない。そうでなければ、じつは、中立政策の是非もきまらないし、かりによいとしても、その具体的内容をきめるわけにはいかないのである。」と述べ、さらに、「現行憲法と非武装中立政策は、その長所も短所もまったく共通にしている部分が多い」とも述べている。[15]

長谷川の非同盟諸国の中立政策への懐疑論（平野の中立論にも共通してみられる視点）は、確かに同感できるが、そこから中立政策そのものについても懐疑論になっていることには疑問がある。これでは、憲法の歴史的発展史観に基づき、憲法9条の歴史的先駆性や、そこから派生する永世中立論の将来的意義な

どについて、展望と期待を与える科学的・法則的理論を提示できないように思われる。これは、平野の中立論と共通する問題点である。

国家の中立的地位や意義が「国際的情況」などによって左右される程度のものとしてしか評価されないとなると、現実政治に対する憲法規範や憲法的「中立」の規範力（立憲平和主義）を弱めることになる恐れがあるし、憲法（平和憲法）の歴史的発展史観が貫徹されることになるのかも疑問である。

この点は、次に述べる影山日出弥説の場合は、国家の「中立」に関する規範力を強く押し出していることが注目される。それは、憲法９条を永世中立の視点から政府を拘束する規範として、裁判の場でも争えるものとして位置づけることを可能にしている。

4　影山日出弥説

影山日出弥は、鈴木や長谷川らのマルクス主義憲法学を継承し、より精緻に理論化しようとしたことで知られているが[16]、憲法９条と永世中立に関しては、1970年の共著『憲法講義』において、次のように述べている。すなわち、「現行憲法を前提にし、日米安保条約の軍事的内容の批判的分析を前提にするかぎり、日本の安全保障は中立のステータスによらざるをえない。国家の中立の形態は多様であるが、重要な手がかりをあたえる例は、中立政策による中立のステータスの実現（ラオス）とオーストリア型中立宣言とである。後者の『中立に関する憲法規程』一条二項は第一に、オーストリアはいかなる軍事同盟にも加入せず、第二に、自国領土内にいかなる外国の軍事基地の設置も許さないことを規定している。日本の場合にも、どの種の中立形態であれ、少なくとも、これらの二つの要請は必ずふくまなければならない。それは中立のミニマムな要件である。この要件からみると、日米安保条約が基本的に矛盾することはもはや多言を要しない」[17]と。

また、1975年の著書『憲法の基礎理論』では、次のように述べられている。まず、「[日本国] 憲法における平和の原理に適合し、かつそれを実現する安全保障の形態は、対外的方向で規定すれば国家の中立のステータスを保障する形態である。この中立のステータスは四六年憲法の主観的創造物ではなく、国家

主権の独立性を保障する歴史的経験にもとづく形態である。中立のステータスは、……『国際情勢』論によって肯定されたり否定されたりする恣意的性質の問題ではない」。そして、このような観点から、「四六年憲法における平和の原理を実現する安全保障の形態にとって、五五年一〇月二五日のオーストリアの連邦憲法──永世中立法による中立のステータスの成立はもっとも有益な示唆を与える」として、オーストリアの（国家の独立とかかわる）永世中立の成立過程と「永世中立法」（中立に関する連邦憲法）を簡単に紹介したうえで、「オーストリアの場合、憲法条項が永世中立のステータスを規定することによって成立していることは示唆にとむ」と述べられている。

　それに比べ、「日本の場合には、この中立法と同じような直接に中立のステータスを規定する憲法条項は存在しないようにみえる」と、影山は指摘しつつも、「すでに検討したように、前文と九条──かりに自衛力を肯定しているとしても、いなくとも──に示される平和の原理が実は日本の中立のステータス（憲法上「非武装中立」）を規範的に内包しているのであって、オーストリアの場合と表現形態がことなっているにすぎない。それゆえ、日本の国家的中立は、ときどきの政策問題ではなく、憲法が公権力に対して中立を具体的に実現する作為的義務を命じている強制規範の事項である。立法者は、中立にかんする憲法的法律またはすくなくともその他の形式の中立宣言行為をおこなわなければならない。このことは、自衛隊が現在することの合憲性を肯定しようとしまいと、立法者の責任として履行する義務の問題にほかならない」と述べている。さらに、「日本の場合、憲法における二大原則である主権の原理と平和の原理とは、平和の原理に対立する政策体系またはその執行主体の変更過程で現実化される国家的中立のステータスにおいて統合されるということができる[18]」とも述べている。

　以上が影山の永世中立論であるが、日本の中立のステータスが憲法9条の規定に内包されているといった表現は、平野の中立論や後述の田畑忍の永世中立論を参照したものと思われる。また、憲法9条の永世中立を「ときどきの政策問題でなく」、公権力に対する「作為的義務を命じている強制規範の事項」と位置づけている点は、田畑の永世中立論を参照したものと思われる。

第3章　憲法9条の平和・安全保障としての永世中立論

　しかし、影山の場合、非武装中立を国際関係においても生かそうという鈴木のような提案はみられない。また、「憲法の歴史的発展」史観に基づく、社会主義になる場合の憲法9条と永世中立論のあり方については、平野・鈴木・長谷川も含め、ほとんど言及されていない。ただし、影山は、憲法9条の規範といえ全人類的なものでなく、階級的なものであるから、権力の革命的変革後に憲法9条が継承されたとしても、国民の憲法意識で担保されない限り実現しないと述べるにとどまっている。この点については、次に述べる田畑の方に積極的姿勢がみられる。

Ⅲ　田畑忍の憲法論と永世中立論

1　憲法の「歴史的発展」史観

　田畑忍の憲法論は、マルクス主義憲法論に属するものではないが、マルクス主義の影響を受けつつも、独自な憲法の「歴史的発展」史観に立っている。

　田畑は、戦前から、歴史の発展方向・法則（「人類の幸福への道」）を尺度において憲法解釈を行う「歴史的客観主義」の観点を重視している点に特色があるが、それは、田畑の世界観の根底にあるキリスト教的ヒューマニズムのうえに、田畑が政治学者として国家論や政治思想の研究から学んだマルクス主義的な史的唯物論などが摂取されたものと思われる。影山日出弥が書いた論文の中に、「マルクス主義法学の枠組みに包摂されうる憲法学の学的形成の試行は、……田畑忍の『憲法学の基礎理論』（日本評論社・一九三六年）の試みを除くと、鈴木［安蔵］による学的形成の試行がほとんど唯一の理論的実践であった」という文章があるが、それは、戦前の田畑憲法学におけるマルクス主義との深い関連性を評価するものといえる。

　田畑の考える憲法の歴史的発展史観は、「憲法の発展と歴史の法則」（1982年）という論文によれば、人間の歴史は発展の歴史であるが、戦争の歴史であり、また階級闘争の歴史であること、さらに、歴史の発展に相応して憲法と平和の思想や運動の発展が伴っているという認識に立ち、何が正しいかの判断基準については、唯物論か観念論かということでなく、人権尊重の度合い（人権

尊重主義）によって決められるというものである。[22]

　同様の考えは、田畑の論文「戦争の論理と平和の論理」（1964年）においては、次のように述べられている。すなわち、「カントの理想主義的平和哲学」と「マルキシズムの戦争の肯定による戦争の否定の哲学」が、その本質において共通しており、「すべて戦争をにくみ、永遠の平和を希望して、未来へ方向づけられた、発展的必然の論理に貫かれている」。しかし、「軍備全廃のイデーを条件として出している点で、カントの平和主義の哲学は、マルキシズムの平和の論理にむしろまさるものがある」。ここでは唯物論か観念論かは根本的問題でなく、「そのような世界の解釈よりも世界の変革に重点が置かれるべきであるとすれば、……権力に味方をしているか、基本的人権に味方をしているか、という相異を見分けることがたいせつである」と。[23]

　なお、田畑は、1950年の論文「戦争否定の弁証法」において、戦争否定の世界史的論理ないし世界史的過程について、近代以前の宗教的平和思想にみられる平和の予言的過程、そして常備軍の撤廃などを提案したカントの近代平和思想などにみられる平和の倫理的要請の過程、さらに20世紀における国際法や国際平和機構による戦争の規制（戦争の違法化）にみられる平和の法的命令の過程として捉え、憲法9条は一切の戦争と武力保持を禁止したことで、戦争放棄の法命題としては、各国憲法や国連憲章の規定を超えて、行きつくところまで到達したものであり、「まさに人類の歴史を転回せしめる起点としての意味を持つ」と評価している。[24]

2　永世中立論

　田畑が永世中立とりわけ非武装永世中立の意義に注目し出すのは1957年頃からであるが、1961年の論文「日本の永世中立について」は、「日本の安全保障の課題としての永世中立論に憲法学者としておそらくはじめて本格的に取り組んだ貴重な試み」として評価されている。[25]

(1)　憲法9条と永世中立について

　前掲論文「日本の永世中立について」において、田畑は、憲法9条が一切の戦争・軍備および交戦権を放棄する徹底した「永久平和主義」を鮮明にしてい

るから、憲法9条には、外国に軍事基地を貸さないとか、外国と軍事同盟を結ばないという方法で、「戦争否定の精神」を表現する「永世中立主義のプリンシプル」が含まれていないと主張することは困難であると述べる。このような憲法9条の解釈・認識に立脚して、田畑は次のように、現代的な永世中立のあり方を提言する。すなわち、「これまでの永世中立は、積極的中立や戦時中立とともに」、自衛戦争に備えて「軍備（戦力）の放棄を、其の前提条件とするものではなかった」から、「従来の旧きタイプの永世中立主義は、原子核武装の時代には、当然に軍備放棄を前提とした新しい型の永世中立主義に発展しなければならない」と。

そして、日本に関しては、憲法9条の「永久平和主義」が少なくとも「必ず永世中立と軍備放棄とを含蓄していなければならないものである」とすれば、日本は国際（法）関係において、「永世中立宣言」を行うとか、「国際連合に向かって、日本を非武装中立地域とする決定を要求するべき」責任がある。「また、たとえ、永世中立宣言未了の場合に於いても……、憲法上当然に、……永世中立主義に反する国家的行動をとることも許されない。従って日本は、特定の外国と軍事同盟条約を締結することも、また特定の外国に軍事基地を貸すことも許されない。しかのみならず、常に世界万国の軍備放棄のために努力すべき義務を負う。要するに、永久平和主義は、きわめて積極的な無軍備的永世中立主義を意味または内在するものなのである。」と、田畑は述べている。

さらに、田畑は、サンフランシスコ講和条約のさいに、国会と政府が直ちに、「永世中立の宣言義務を果たすべきであった」にもかかわらず、その義務を履行しなかったことは「不作為的な違憲行為」であり、また安保条約を締結し、米軍の基地提供や駐留を許容したことは日本政府の側の「積極的な違憲的政治行為」であるとされ、これらの違憲行為が「提訴等の前提があれば、最高裁判所によって違憲の決定を受けるべき性質のもの」と述べる。[26]

以上のように、田畑の永世中立論は、憲法9条の理念に適合するように、従来の国際法上の永世中立概念を発展（揚棄）させた。つまり、従来の国際法上の永世中立概念のもつ肯定的側面（軍事同盟の否認など）を取り込み、当該概念の否定的側面（武装主義）を切り捨てて、積極的な非武装永世中立という新し

い永世中立概念を再構成したといえる。

 ただし、このような考え方の基本は、すでに平野義太郎などの中立論にみられ、田畑の独自のアイデアではない。それは、田畑の論文には平野の論文が引用されていることからも、明らかである。

 それはともかく、田畑が非武装永世中立について、憲法上選択してもしなくともよいというような単なる政策論としてではなく、憲法の規範的要請として、あるいは憲法の実践的解釈原則（違憲判断基準ともなりうる憲法原則）として明確に把握したことは、田畑よりも以前に主張されていた非武装永世中立論にはまだみられなかったユニークな点である。また、1960年代以降も非武装中立ないし非武装永世中立論が一定の数の論者によって肯定的に論及されるが、非武装永世中立の実現を国民的運動としてまで提起する田畑のような積極的な永世中立論はみられない。

(2) 非同盟中立と永世中立について

 非同盟中立と永世中立の関係については、田畑は1970年代末以降に言及するようになるが、次のように述べている。すなわち、「宣言による永世中立に似て、そうでないものに非同盟・中立というのがあります。ノンブロックポリシーの中立主義というのがこれであります。……左翼系統の学者の間では中立といえば、このノンブロックポリシーを指すように思われています。が、永世中立に比べてみますと、中立不徹底である。……殊に内政に失敗したカンボジアは、ノンブロックポリシーにも失敗して、ベトナム軍を誘いこむことになり、更に中国のベトナム進攻をひきおこすことにもなった」。また、「単なる政策にすぎない『非同盟中立』や『積極的中立』は、戦争を避けようとする点で、永世中立と本質的に同じですが、……政策にとどまる積極中立や非同盟には外国侵略を防ぐ効果は十分にはありません」と。

 そこから、田畑は、「かつて『非武装中立』を主張していた社会党も、『中立宣言』を主張してきた共産党も、一歩後退した現在の非同盟中立政策を二歩進めて、永世中立を主張するべきである」と述べる[27]。

(3) 非武装永世中立宣言の必要性と展望

 1980年代後半になると、田畑は、非武装永世中立宣言国として知られるよう

になった中米のコスタリカとの対比で、「コスタリカは、日本国憲法制定の二年後に同似の平和憲法を制定して、一九八三年に新型の永世中立国になりました。……が、日本はまだ永世中立国になっていません」。「憲法九条は国内法であってこれを国際法化することが必要です」。そのためには、「非武装永世中立」宣言によって、「新型の永世中立国になるべきなのであります」、と述べるようになる。この見解は、田畑晩年の1993年頃には、「憲法九条の戦争放棄規定は、まさにその思想を最初に示した法規範だったが、コスタリカ共和国がこれに続き、パナマにもまたそのような動き（非武装永世中立への動き）があり、武装永世中立国スイスには軍備全廃の市民運動が始まっているだけでなく、世界各国がこの方向に進むことの必然が展望される」という主張につながる。

　田畑にとって、非武装永世中立を指向する意義は、国際社会との関係では、世界に非武装永世中立国が増大することに貢献することのほか、非武装永世中立の理念を内包する憲法9条の世界化に貢献することである。この点について、田畑は、「『永世中立国』日本の進むべき道は、国連憲章等の国際法規と各国憲法の中に完全な平和条項を導入するための世界平和運動であります」と述べているが[28]、これと類似の視点は鈴木安蔵の見解にもみられる。

　なお、田畑は憲法の「歴史的発展」史観に基づいて、憲法9条と永世中立が「議会主義的平和革命」による日本の「社会主義」への移行においても生かされるべきことを示唆している[29]。

Ⅳ　おわりに

　田畑が期待したように、冷戦崩壊以後も、非武装ではないが永世中立国が新たに登場した。しかも、1993年のカンボジア憲法は、非同盟中立を永世中立に高めた非同盟・永世中立条項を規定した。トルクメニスタンの場合は、1995年に国連総会決議により永世中立が承認された。コスタリカにおいては、当該政府がアメリカのイラク戦争を支持したことに対して、2004年9月に憲法裁憲法法廷が非武装永世中立に違反し無効と判示したことにみられるように、積極的非武装永世中立が単なる外交政策ではなく、憲法解釈の原則としても生かされ

ることになった。田畑が憲法 9 条の平和主義から規範的に要請されるとした「積極的な無軍備的永世中立主義」が、コスタリカで1983年に実現しただけでなく、非武装永世中立を憲法の実践的解釈原則（違憲判断基準ともなりうる憲法原則）として位置づけた田畑と同様の見解が、上記のようにコスタリカの最高裁憲法法廷でも実際に述べられたことは、田畑平和理論の先見性を示すものといえる。

田畑の永世中立論は、平野義太郎らの先駆的な中立論を批判的に摂取し、田畑独自の憲法の歴史的発展史観と平和論や憲法 9 条論に裏づけられて理論構成されたものである。そして、非武装永世中立を憲法 9 条の実践的解釈原則（違憲判断基準ともなりうる憲法原則）として位置づけた田畑の永世中立論は、影山日出弥の永世中立論に生かされているといえる。

憲法 9 条や永世中立と社会主義論との関連については今後さらに検討される必要があるが、日米安保体制下でグローバルに展開する日米同盟関係の強化および集団的自衛権行使容認の法制化（安全保障関連法整備）と、世界において依然として存在する軍事同盟関係に対する批判論ないし代替案として、憲法 9 条の平和主義と中立政策や永世中立の観点が有意義であるとすれば、そのような平和憲法論を先駆的に提示していた、憲法の「歴史的発展」史観に立つ憲法 9 条と永世中立論に改めて注目する価値があると思われる。

1) 澤野義一『永世中立と非武装平和憲法』（大阪経済法科大学出版部、2002年）参照。
2) 澤野義一『平和憲法と永世中立』（法律文化社、2012年）第一章五参照。
3) 長谷川正安「戦後憲法学とマルクス主義」天野和夫ほか編『マルクス主義法学講座 第一巻』（日本評論社、1976年）239頁以下、影山日出弥『現代憲法の理論』（日本評論社、1967年）8 頁以下参照。
4) 森英樹「平野義太郎における法学と社会科学」天野和夫ほか編『マルクス主義法学講座 第一巻』（前掲）73頁以下。
5) 「座談会 講和の法理」（入江啓四郎、宮沢俊義、平野義太郎、横田喜三郎）『法律時報』22巻 2 号（1950年）10頁以下。
6) 平野義太郎の論文「新しい中立の観念」（1961年）の内容紹介・引用については、入手困難なため、田畑忍論文「日本の永世中立について」（1961年）深瀬忠一・山内敏弘編『安保体制論』（三省堂、1978年）228頁から引用。
7) 平野義太郎「現代における『中立』」『思想』1961年 9 月号、38頁以下。

8) 平野義太郎『平和の思想』(白石書店、1978年) 191-192頁。
9) 影山日出弥「憲法学とマルクス主義」天野和夫ほか編『マルクス主義法学講座　第一巻』(前掲) 110頁以下。
10) 鈴木安蔵「日本国憲法と自衛権」恒藤恭・末川博編『憲法と自衛権』(有斐閣、1959年) 10頁以下。
11) 山川均『日本の再軍備』(岩波書店、1952年) 128頁。
12) 長谷川正安『新版　憲法学の方法』(日本評論社、1968年) 236-237頁。
13) 長谷川正安「戦後憲法学とマルクス主義」(前掲) 254-255頁。
14) 長谷川正安『新版　憲法学の方法』(前掲) 107-109頁。
15) 長谷川正安「憲法と非武装中立」『現代の眼』1966年6月号、54頁以下。
16) 鈴木安蔵『憲法学断想』(敬文堂、1979年) 46-60頁。
17) 阿部照哉・池田政章・田口精一編『憲法講義』(青林書院新社、1970年) 353-354頁。
18) 影山日出弥『憲法の基礎理論』(勁草書房、1975年) 212-214頁。
19) 影山日出弥『現代憲法の理論』(前掲) 97-100頁。
20) 田畑が史的唯物論に依拠していることは、歴史発展の根本原因を「生産力と生産関係の矛盾」に求めていることから窺われる(田畑忍『政治学』ミネルヴァ書房、1959年、249頁など)。澤野義一「田畑忍の憲法九条世界化論および非武装永世中立論」『大阪経済法科大学法学研究所紀要』42号 (2008年) 8頁 (同『平和憲法と永世中立』(前掲) に再録)のほか、上田勝美「田畑憲法学の特質」長谷川正安編『憲法学説史』(三省堂、1978年) 277頁以下も参照。
21) 影山日出弥「憲法学とマルクス主義」(前掲) 110頁。
22) 田畑忍「憲法の発展と歴史の法則」田畑忍編『危機に立つ日本国憲法』(昭和堂、1982年) 348頁以下。
23) 田畑忍「戦争の論理と平和の論理」憲法研究所編『平和思想史』(法律文化社、1964年) 8頁以下。
24) 田畑忍「戦争否定の弁証法」田畑忍『戦争と平和の政治学』(有斐閣、1952年) 30-48頁。
25) 深瀬忠一・山内敏弘編『安保体制論』(前掲) の「解題」(山内敏弘執筆) 217頁。
26) 田畑忍「日本の永世中立について」(前掲) 222頁以下。
27) 田畑忍『非戦・永世中立論』(法律文化社、1981年) 78-79頁、123-124頁。
28) 論文引用などの詳細は、澤野義一「田畑忍の憲法九条世界化論および非武装永世中立論」(前掲) 28-29頁参照。
29) 田畑忍『議会と革命』(平和書房、1971年) 2頁、281頁以下。
30) 澤野義一『平和主義と改憲論議』(法律文化社、2007年) 251-252頁、同『平和憲法と永世中立』(前掲) 第二章五参照。

第4章

集団的自衛権論批判と永世中立による平和・安全保障構想
―― 憲法 9 条との関係で ――

I はじめに

　「集団的自衛権行使」は憲法 9 条の下では許されないという従来の日本政府（内閣法制局）見解に対する見直しが、2014年、安倍首相の諮問機関である「安保法制懇」の報告書（5 月）や安倍内閣の閣議決定（7 月）によって行われた。海外での直接的な武力行使（戦争参加）も可能となる、そのような「集団的自衛権」見直し論に対しては、従来の政府見解を閣議決定だけで変更することは許されないといった批判、あるいは憲法解釈の変更でなく憲法改正で行うべき問題であるという批判などが出されている。このような憲法論的批判が行われる中で、多様な事態での自衛隊の派兵と海外での軍事活動を可能にする安全保障関連法案制定をめぐる国会論議も行われている。

　確かに、憲法 9 条改悪反対の護憲論の立場からは、従来政府の「集団的自衛権」見直し論に反対し、従来の政府見解を現政権に守らせることは政治的・運動論的には意義あることではある。というのは、従来の政府見解については、改憲論の立場からも一定の支持があるし、世論調査でも、「集団的自衛権」の見直しに多数が反対しているからである。

　しかし、憲法論（憲法学）的には、安倍政権とは異なる観点から、従来政府の「集団的自衛権」論に対して批判的に「見直し」をしておくことも必要である。というのは、従来政府の「集団的自衛権行使」禁止論の下で、現実的には、米軍の海外戦争時の基地提供や、多国籍軍への軍事的後方支援という形態

第4章　集団的自衛権論批判と永世中立による平和・安全保障構想

の様々な自衛隊海外派兵が「集団的自衛権行使」ではないとして容認されてきている実態があるが、それも広義では「集団的自衛権行使」に当たり、憲法9条の徹底した平和主義の観点からみれば、許されないと解されるからである。

　そこで検討されるべきことは、前提として、国際法上の「集団的自衛権」の概念を再確認し、国際関係において、どう評価するかが問われよう。そのうえで、「集団的自衛権」が国内法である憲法9条の下に導入して適用しうる権利なのかどうかが検討される必要がある。この点については、以下で論及するが、私見としては、「集団的自衛権」を容認しない非武装永世中立が憲法9条から規範的に要請されているとの認識に基づき、「集団的自衛権」否定論が適切であると考えている。さらに、そのような理論的な検討を踏まえたうえで、「集団的自衛権」体制によらない非武装永世中立（論）の観点に基づく北東アジアの平和・安全保障構想についても提言することにしたい。

II　集団的自衛権の概念と評価[2]

　国連憲章51条は、「個別的自衛権」とともに、「集団的自衛権」を国家「固有の権利」として規定している。しかし、「個別的自衛権」は条文化に関係なく従来から容認されていたから、同条項の意義は「集団的自衛権」を明文化することにあった。集団的自衛権は、個別的自衛権とは異なり、次のような国連憲章制定経緯の特殊事情から、新しく主張されたものである。

　集団的自衛権条項は、1944年のダンバートン・オークス会議の憲章原案にはなかった。この段階では、国連加盟国の地域的集団安全保障（対抗的な軍事同盟を想定しない安全保障）は、安全保障理事会の許可を得て行うものとされていた（憲章第8章52条、53条に相当）。しかし、翌45年のサンフランシスコ会議で集団的自衛権条項が導入されたのは、この会議直前に米州諸国が締結したチャプルテペック協定により取りうるようになった軍事同盟的な集団的防衛行動が、安全保障理事会の許可がなくても可能になるようにしたものである。

　それは、政治的には、憲章51条導入のイニシアチブをとったアメリカにとっては、米州諸国の上記のような要請をうけて、世界的規模で集団的防衛行動が

可能となる冷戦政策の一環として位置づけられていたことを意味する。

　集団的防衛や軍事同盟（条約）は国連憲章制定以前からもあったが、憲章によって「自衛権」という概念で把握されたところが、従来になかった点である。憲章制定以前では、集団的防衛や軍事同盟は戦争や同盟の自由論を前提にしており、戦争の禁止・違法化を前提とする「自衛権」を論拠に説明する必要性はなかった。周知のように、「自衛権」は「個別的自衛権」を念頭に、それまでの国家の包括的な「自己保存権」と異なり、1928年の不戦条約によって戦争が違法化されてはじめて、違法な武力攻撃に対する正当な反撃権として明確にされたものである。これ以降は、集団的防衛についても、「自衛権」概念との関連で考えられるようになる。

　その萌芽は、1928年の不戦条約締結国の条約留保宣言の中にみられる。当該締約国の若干の国は、自衛戦争は放棄しない、つまり個別的自衛権を留保するとともに、集団的自衛権に相当するような権利留保を述べている。例えば、イギリスは、「世界の或る地域は……われわれの平和と安全に特別且つ死活的利害関係をもつ……これらの地域を攻撃に対して護ることは、英帝国にとって一つの自衛手段である」と述べ、アメリカは、「（不戦）条約によって許されている自衛権の中に、我が国の国防体制の一部をなすモンロー主義を維持する権利は当然含まれねばならない」と述べていた。

　さて、このような他国との集団的防衛すなわち「他衛」の性格を有する制度を、自国への侵略に対する反撃としての「自衛」ないし「自衛権」として説明しようとすれば、国連憲章制定以前にはなかったことなので困難がつきまとう。国際法学では、集団的自衛権の権利的性格について、①関係国がそれぞれの個別的自衛権を共同行使する権利、②他国の個別的自衛権行使を援助する集団的正当防衛権、③自国と密接な関係国への武力攻撃が自国の安全を害すると認められる場合の排除権、といった諸説がある。

　①説については集団的自衛権の独自性の説明が困難な点で、②説は刑法の正当防衛的な発想であるが、国家間では、他国との特別な関係もなしに援助することが干渉戦争ともなりうるという危険性が生ずるという点で問題があり、③説が一般的に支持されているように思われる。③説では、集団的防衛当事国に

第4章 集団的自衛権論批判と永世中立による平和・安全保障構想

「密接な関係」とか「死活的利害関係」といった「一定の連帯関係」を前提とすることに特色がある。日本でも、政府見解や学説も、基本的には③説をベースにしているように思われる。しかし、この場合でも、「密接な関係」や「自国の安全を害する」ということの意味については、必ずしも明確ではないという批判もある。現実には集団的自衛権行使を名目にした他国への内政干渉となりうることは、②説と同様の危険性を有している。

そこで、集団的自衛権については、集団的自衛権の発動（行使）要件が厳格にされることが必要となるが、これについては、「ニカラグア事件」においてアメリカが主張した「集団的自衛権」行使の正当性を認めなかった1986年の国際司法裁判所の見解が重要とされている。当該見解は、集団的自衛権の発動には、利害関係国に他国からの武力攻撃を受けたことの宣言があり（「個別的自衛権」発動要件の充足）、かつ、その被攻撃国からの軍事援助の要請があることが必要であるとしている。

なお、集団的自衛権行使の形態としては、武力行使を伴う場合（狭義の集団的自衛権）だけでなく、基地提供や軍隊による軍事物資の運搬などの後方支援のような、直接的な武力行使によらない軍事的支援（広義の集団的自衛権）も含まれる。日本国憲法の下では、個別的自衛権に関して「武力によらない自衛権」という多数説があるが、その用法に倣うなら、広義の集団的自衛権は「武力によらない集団的自衛権」と称することもできよう。ただし、この場合、「武力によらない自衛権」説が自衛隊違憲論を前提にしているのに対し、「武力によらない集団的自衛権」説は自衛隊合憲・活用論を前提にしている点が異なることに留意しておく必要がある。それはともかく、日本政府の集団的自衛権論議を憲法論的に検討するさいには、国際法的には集団的自衛権行使の形態に関しては、狭義と広義の概念があることを認識しておかなければならない[3]。

さて、集団的自衛権については国際法学説や国際司法裁判所などにより、以上のような概念定義や権利行使要件の設定によって権利の濫用を制限する試みがなされている。安倍首相の諮問機関である「安保法制懇」や閣議決定も、集団的自衛権行使要件を限定して当該権利行使（必要最小限度の集団的自衛権行使など）を容認している（本章Ⅳ参照）。しかし、国際政治においては、正当な集

団的自衛権の行使といえる事例はこれまで皆無に近い現実を踏まえておく必要がある。

　米ソ冷戦下においては、米ソを中心とする軍事同盟体制の下で、集団的自衛権は中小国に対する大国の内政干渉や軍事的介入を正当化する機能を果たしてきた。例えば、アメリカについては、ベトナム戦争の遂行や中米紛争への介入、ソ連については、チェコスロバキアやアフガニスタンへの侵攻などがある。なお、米ソの大国から等距離外交を保とうとする非同盟諸国は、「人民の自決権」とともに「中立」外交を建前としつつも、他方で米ソ以外の国家間での「集団的自衛権」行使を非同盟綱領で肯定し、海外派兵を容認してきた問題（キューバのアンゴラ派兵など）もある。

　冷戦後においては、国際協調主義や「国連中心主義」の建前が唱えられる中、イラクによるクウェート侵略に関する安保理の経済制裁決議661（1990年）や、米国同時多発テロを契機とした米国などによるアフガニスタン攻撃に関する安保理決議1368・1373（2001年）などにおいて、各国に集団的自衛権があることが確認されるケースが出てきたことで、正当な集団的自衛権行使が国連によって認められるようになったと評価する見解もある。[4] しかし、当該決議が具体的な武力行使を伴う集団的自衛権行使までを容認したものであるかについては、否定的見解も有力である。[5]

　結局、これまで集団的自衛権を名目に行われた武力攻撃（戦争）が「勝利」し、広く国際的にも「評価」しうる事例をあげることは困難であるし、とりわけ冷戦中は、集団的自衛権が発動要件（上記の「ニカラグア事件」において国際司法裁判所が示したような要件）を無視して濫用されてきたことなどを考慮すると、「集団的自衛権」行使の要件を厳格にしたからといって、集団的自衛権制度を評価することに疑問がある。というのは、「分権的な国際社会では、武力行使が本当に自衛かどうかを判定する制度や手続が不完全であるから、武力を行使する国は皆自衛を口にするが、集団的自衛権は、そうした自衛かどうかわからない武力紛争に、共同防衛の名の下に、直接攻撃されているわけでもない国の参戦を認めることによって、紛争をいっそう拡大させてしまう」からである。[6]

　そこで、集団的自衛権制度が国連の集団的安全保障の例外的措置であるとい

第4章　集団的自衛権論批判と永世中立による平和・安全保障構想

う認識に基づき、国連の本来の「集団的安全保障」（地域的な集団的安全保障も含む）の理念を徹底させるべきであるという見解に立ち戻って考えると、集団的自衛権行使を正当化する論理構築や、集団的自衛権行使を想定する軍事同盟の締結・深化などに固執する姿勢には与しえない。さらに、集団的自衛権（制度）を根本的に否定しようとすれば、国際法的には永世中立（国）では集団的自衛権（制度）が認められないという特質を生かして、「永世中立」を主張ないし選択する道もある。完全な非戦・非武装に加えて交戦権を放棄している憲法9条の下では、集団的自衛権が否定されているとすれば、問題の多い国際法上の集団的自衛権（制度）によってではなく、永世中立を重視する観点からの平和・安全保障政策が考えられよう。

　なお、集団的自衛権（制度）を集団的安全保障の例外とみるのは日本の国際法学の多数説と思われるが、集団的自衛権見直し論者は、両者を対立的にではなく相互補完的に両立するものとして捉えると同時に、集団的自衛権（制度）が国際的に定着しているとして評価する。この立場は、NATOなどの軍事同盟なども評価することになるから、永世中立に対しては否定的にみることになろう。

Ⅲ　憲法学説における集団的自衛権論の現況

　憲法9条との関係で「集団的自衛権」をみると、上述のように「集団的自衛権行使」禁止論が従来の政府見解であるが、憲法学では「集団的自衛権」否定論が多数説と思われる。憲法学においては、憲法9条との関係における集団的自衛権の理論的な検討は、個別的自衛権の問題に比べると、あまり立ち入った考察がなされてきておらず、憲法（学）のテキストなどにおいても、簡単にしか言及されていないので、「集団的自衛権」否定論の論拠も、必ずしも明らかではない。しかし、その論拠は、従来の政府見解の評価との関連で主張されている説と、政府見解の評価とは別に主張されている説がみられる。

　そこで、これらの説を取り上げるに先立って、まず、従来政府の集団的自衛権に関する公式見解（1981年）を確認しておこう。それは、次のように説明さ

れている。すなわち、「集団的自衛権」は「自国と密接な関係にある外国に対する武力攻撃を、自国が直接攻撃されていないにもかかわらず、実力をもって阻止する権利」で、日本も「国際法上」有しているが、「憲法第9条の下において許容されている自衛権の行使は、我が国を防衛するため必要最小限度の範囲にとどまるべきものであると解しており、集団的自衛権を行使することは、その範囲を超えるものであって、憲法上許されない」と。[10]

さて、政府見解の理解の仕方とかかわって、「集団的自衛権」否定論を主張している説として、次のような見解をあげておこう。

大石眞は、政府見解によれば「集団的自衛権の行使は実際上認められないことになるが、学説上も否定的に解するのが通説的な立場ではないかと思われる」と説明している。[11]

佐藤功は、次のように述べている。憲法9条では、「仮に自衛権は否定されてはいないとしても、その行使は、(1)日本の領域が武力攻撃を受け、(2)その武力攻撃を防止するために他に方法がなく、且つ、(3)その防止のため必要最小限度における行動である場合に限られる（政府も、この見解をとっている。「専守防衛」の原則といわれるものがこれである）。すなわち通常の集団的自衛権は認められない」と。[12]

長谷部恭男の場合は、従来の政府の集団的自衛権論を評価したうえで、「集団的自衛権が認められないということは、憲法9条が存在する以上、自国の安全を保障するための必要最小限の実力の保持および行使のみが認められる、という基本原則から導かれる一つの論理的帰結に過ぎない」と述べている。[13]

渋谷秀樹は、「個別的自衛権のみを認め、集団的自衛権を認めていないとするのが、政府見解である」と述べている。[14]

しかし、上述のような、政府の「集団的自衛権行使」禁止論に「集団的自衛権」否定論が内包されているような、あるいは「集団的自衛権行使」禁止論から「集団的自衛権」否定論が導き出せるような政府見解の理解は疑問である。というのは、政府の「集団的自衛権行使」禁止論は、「集団的自衛権」否定論を前提にしていない。政府見解は、明言することを意図的に避けているが、国際法では各国に認められている「集団的自衛権」を、憲法上も日本国が保有し

第4章 集団的自衛権論批判と永世中立による平和・安全保障構想

ていることを実質的には前提にしていると解せざるをえないからである。した[15)]がって、もし「集団的自衛権」の否定論ないし違憲論を主張するのであれば、政府見解の論理やその前提からは論拠づけることはできないはずであり、異なる別の論拠が必要であろう。そのような論拠を示すことなく、「集団的自衛権行使」禁止論から「集団的自衛権」否定論を導き出している見解は、「集団的自衛権行使」禁止論と「集団的自衛権」否定論をあまり自覚的に区別しないで混同して主張していると疑われても仕方がないであろう。

　従来の政府の「集団的自衛権行使」禁止論は、違憲か合憲かという観点からみれば、「集団的自衛権行使」違憲論とみるのが妥当であり、「集団的自衛権」の否定論ないし違憲論とみるのは無理があると思われる。というのは、「集団的自衛権行使」を憲法上認めたいのであれば、「憲法改正という手段を当然とらざるを得ない」と、歴代の内閣法制局が述べてきたからである[16)]。

　ちなみに、従来の政府的な見解を支持する説は、武力による個別的自衛権容認（自衛力・自衛隊合憲）論に立つが、解釈変更による「集団的自衛権行使」容認論には反対する点に特色がある。最近の説では上記の長谷部説もここに含めることもできようが、少し以前の説としては、憲法変遷論により自衛隊違憲論から合憲論に変説したが、個別的自衛権の制約を超えて海外派兵を容認する「集団的自衛権見直し論」に対して強く反対した橋本公亘の見解がある[17)]。

　次に、政府見解とは切り離した一般論として述べられていると思われるが、「集団的自衛権」否定論を多数説と理解している見解をあげておこう。例えば、佐藤幸治は、論拠を示していないが、「個別的自衛権についても議論のある中、集団的自衛権については学説は一般に否定的であるようにみえる」と述べている（佐藤自身は一種の武力的な個別的自衛権容認論を前提）[18)]。最もよく読まれている芦部信喜の憲法テキストでも、論拠が特に示されていないが、個別的自衛権と集団的自衛権のうち、「集団的自衛権」は「日本国憲法の下では認められない」と書かれている[19)]。

　この「集団的自衛権」否定論を明確に論拠づける説明は憲法テキストなどではほとんど見当たらないが、推論するに、個別的自衛権論の通説である「武力によらない自衛権」説によれば、軍事力の保持が認められないから、武力行使

を伴う「集団的自衛権」も認められないということであろうか。しかし、それは、「武力によらない集団的自衛権」までも認めないということになるのかは明らかではない。というのは、「武力によらない（個別的）自衛権」説に依拠しつつも、米艦船が攻撃されて日本の安全も危うくなる可能性がある場合の米軍への協力で、旧日米安保条約レベルの米軍への基地貸与程度なら「武力によらない集団的自衛権」（広義の集団的自衛権）として容認する粕谷進説もあるからである。この説は疑問であるが、すでに1950年頃に国際法学者の横田喜三郎などによって唱えられている[20]。

このように、「武力によらない自衛権」説からは「集団的自衛権」否定論が導き出される傾向があるとしても、何らかの「集団的自衛権」（行使）を容認する余地が残る難点がある。その点を考慮すると、個別的自衛権に関する「自衛権放棄」説（私見もこの立場）によれば、論理的には「集団的自衛権」否定（違憲）論がより明確に帰結されるのではなかろうか。山内敏弘説は、このような見解だと思われるが、「憲法9条は、集団的自衛権の行使のみならず、その保有をも禁止したものと」明快に述べている[21]。

以上のような考察からすると、論拠はともかく、「集団的自衛権」否定論が多数説だという結論は一応妥当といえるかもしれない。しかし、「集団的自衛権」否定論のより明確な論拠としては、上述のような個別的自衛権論との観点だけでは不十分である。そこで、私見としては、自衛権論では山内説とほぼ同様の見解をもっているが、それ以外の論拠として、特に憲法9条の「交戦権」放棄規定に着目し、中立義務が引き出される「永世中立」ないし「非武装永世中立」論の観点からも検討しておく必要があると考えている[22]。これについては後述する（第Ⅴ節参照）。

上記以外の少数説として、「集団的自衛権」否定論の対極に立つ、「集団的自衛権」肯定論に立脚した「集団的自衛権行使」容認論がある。それは、国際法上保有する集団的自衛権は、憲法9条においても国家として保有しており、かつ権利行使は認められるという見解である。例えば、上述した大石眞は、「憲法に明確な禁止規定がないにもかかわらず集団的自衛権を当然に否認する議論にはくみしない」、「明らかに違憲と断定する根拠は見出しがたい」と述べてい

第4章　集団的自衛権論批判と永世中立による平和・安全保障構想

る。より積極的な説としては、「集団的自衛権」は個別的自衛権と不可分のものとして国連憲章が設定している加盟国の「固有の権利（自然権）」であり、憲法98条2項でいう「確立された国際法規」だから遵守し行使されるべきだという西修の見解がある。また、同種の見解に立つ長尾一紘は、「集団的自衛権」が憲法上行使できないという政府見解の「問題を解決するには」、憲法解釈の「変更を公式に発表するだけで足りる」と述べている。これらの見解は、安倍内閣下の「安保法制懇」や閣議決定が行った「集団的自衛権」直し論を正当化するものといえよう。

以上、憲法学説における集団的自衛権論の現況を概観したが、それら諸説の法理論的な問題点については、政府の集団的自衛権見直し論の検討とも合わせて、以下でさらに検討する。

Ⅳ　政府の集団的自衛権見直し論とその問題点

集団的自衛権に関する従来の政府見解、すなわち、分かりやすい表現をすれば、集団的自衛権を日本国が国際法（国連憲章51条）上有するのに国内的に権利行使できないという見解（違憲論）は疑問だとして、集団的自衛権の行使は認められる（合憲）と主張するのが、「集団的自衛権」見直し論である。それは「安保法制懇」や閣議決定で行われたが、そこにはいくつかの理論的な前提がある。「安保法制懇」のメンバーら（14名のうち以下に参照する西修は憲法、佐瀬昌盛は国際政治、村瀬信也は国際法が専門）の見解に即してみると、集団的自衛権論については、次のような特色がみられる。

①　第1に、集団的自衛権は個別的自衛権と不可分の放棄できない国家「固有の権利」ないし自然権である、という見解である。この点については上記の西説のほか佐瀬らも述べているが、安倍首相も両自衛権を自然権と理解し、日本国も有する集団的自衛権は行使することもできると述べている。

②　第2に、憲法9条には集団的自衛権を禁止する明文規定がないから、集団的自衛権は行使できる、という見解である。この点については、村瀬信也が、「憲法9条には、個別的自衛権はもとより、集団的自衛権についても、こ

れを禁止するなどという規定はない。また、日本は条約で、そうした制約を受容しているわけでもない。したがって、集団的自衛権の行使を控えるというのは、法的な制限としてではなく、単に政策的な表明と考えるべきであろう。そうであるならば、国際情勢の大きな変化に伴い、わが国が『ミニマムの集団的自衛権』の行使を必要とする場合がありうるとして、従来の政策変更を行うことに何ら問題はない。」と述べている[28]。村瀬説は、集団的自衛権行使が認められないという政府見解は憲法9条の規定や「憲法解釈」に根拠があるのでなく、政府の「政策的」抑制にあると解している点に特徴がある[29]。

③ 第3に、憲法9条は侵略的でない限り、武力による個別的自衛権や集団的自衛権行使、海外派兵等を禁止していない、という見解である。この点については、村瀬は上記の主張につづいて、憲法9条では、戦争目的の武力行使以外であれば、すなわち自衛権（個別的および集団的自衛権）行使や国連平和維持活動などに参加協力するためであれば、武力の保持や行使は許容されている、と述べている[30]。

④ 第4に、従来の政府見解のように、攻撃国に対し実力をもって阻止するさいの「実力」を「武力行使」に限定すること（狭義の集団的自衛権概念）は問題だとし、米軍の海外戦争における基地提供、多国籍軍への軍事的後方支援も集団的自衛権行使とし（広義の集団的自衛権概念）、いずれも憲法9条で容認される、という趣旨の見解である。この見解について、佐瀬は、日本国憲法には集団的自衛権行使を明文的に禁止する条項がないから、村瀬と同様、集団的自衛権行使容認のための「解釈変更は可能」との憲法解釈論をもちつつ、周辺事態（同法に従って）において日本が米軍に対する後方支援として行う作戦必需品である武器・弾薬の提供については、「武力行使のかたちではないものの集団的自衛権の行使と見るのが最も自然だ」とし、「『武器・弾薬』さえ提供しなければ『集団的自衛権行使違憲』説に抵触しない」という見解を「勘違い」であると批判している[32]。そして、1970年頃までは、政府見解においても、広義の「集団的自衛権」の行使が容認される余地が示されていたと指摘している[33]。

⑤ 第5に、集団的自衛権（制度）は国連の集団的安全保障に不可欠で、確立された国際法だから、憲法98条により国内的にも遵守すべきである、といっ

第4章 集団的自衛権論批判と永世中立による平和・安全保障構想

た趣旨の見解である。上記の西説のほか、佐瀬も同様の解釈を行っている[34]。

　以上の見直し論については、次のような批判ができよう。①の見解に関して、集団的自衛権と個別的自衛権が不可分かどうかの点では不可分ではない。例えばスイスのような永世中立国は個別的自衛権を保有するが、集団的自衛権については国際法上放棄している[35]。また、個人の人権とは異なり、国家の自衛権は放棄できない自然権ではない[36]。

　②の見解、すなわち集団的自衛権を禁止する明文規定がないから当該権利（行使）は否定されていないという見解は疑問である。世界の憲法では自衛権は明記されていないのが通例で、自衛権の保有の有無や行使の可否は憲法条文の規範構造から解釈論的に判断せざるをえない。とりわけ徹底した平和主義憲法といわれる憲法9条のような条文については、自衛権が放棄されているといった見解が、戦後から有力な説として唱えられてきているし、外国にもそのように解する学者がいる[37]。さらに、集団的自衛権を否定する永世中立を憲法9条から読み取る説さえある（この私見については後述）。なお、軍隊をもたないコスタリカは、憲法で大陸協定（米州の地域的安全保障）に基づく再軍備の余地を認めているから（12条）、日本国憲法9条と異なり、集団的自衛権を保有しているとはいえ、とりわけ1983年の非武装永世中立宣言によって、集団的自衛権は政策上行使しない方針をとっているといえるが、コスタリカの最高裁憲法法廷がイラク戦争時にアメリカを支持したコスタリカ政府の行為を違憲無効としたのは、非武装永世中立宣言に憲法的価値を認めたものと考えられる[38]。

　③の見解は憲法9条に関する学説では少数説（芦田均など）にとどまり、説得性にも欠けるように思われる。個別的であれ集団的であれ、武力行使を伴う自衛権や海外派兵は否定的に解する多数説の方が妥当といえよう。

　④に関しては、政府の集団的自衛権概念を批判し、国際的にも通用する集団的自衛権概念を再確認しようとしている点は妥当であろう。しかし、そのような集団的自衛権行使が憲法9条で認められると解する点は支持できない。

　⑤の見解は、集団的自衛権（制度）が国際社会で定着し、確立した国際法として評価されるべきだとの前提に立っているが、上述したように（Ⅱ参照）、このような評価に与することができないとすれば、また憲法9条では集団的自衛

権の導入が禁止されているとすれば、集団的自衛権は憲法98条を介して国内的に遵守すべき権利ではない。

なお、「必要最小限度の集団的自衛権行使」容認（集団的自衛権の限定容認）論を正当化するために、日本の「固有の自衛権」に基づく必要な自衛措置が、国連の安全保障に限定されず、他国に安全保障を求めることも禁じられていないと述べている砂川事件最高裁判決（1959年12月16日、刑集13巻13号3225頁）を引き合いに出す自民党議員や「安保法制懇」の見解がみられる[39]。しかし、それは疑問である。第1の疑問は、砂川判決でいう「自衛権」では、駐留米軍の論拠にかかわる「個別的自衛権」が念頭にあり、現在安倍内閣下で検討されているような、利害関係国を軍事援助するために海外派兵することができるかどうかといったことを問題とする「集団的自衛権」は念頭におかれていない。というのは、砂川判決が出る以前から、また判決が出て以降も、「集団的自衛権行使」は許されないという政府見解は変わっていないこと、しかも、当該判決が、日本政府（外務省）やアメリカの駐日大使らと田中耕太郎最高裁長官の秘密の事前協議を踏まえて下されていることを考慮すると[40]、政府見解と異なる「集団的自衛権行使」容認（合憲）論を最高裁がとったとは考えられないからである。

第2に、田中耕太郎最高裁長官が判決の補足意見で、「他国の防衛に協力することは自国を守る所以でも」あり、「自衛はすなわち『他衛』、他衛はすなわち『自衛』という関係」が日米安保条約の理解の前提になると述べているが、これも「集団的自衛権」行使の論拠にするには無理がある。というのは、この補足意見は判決を構成するものでないことのほか、田中見解は「集団的自衛権」（用語としては使用されていない）を日本が保有していることを一般的に（世界法の観点から）説明しているとしても、具体的に「集団的自衛権」がどのように行使できるかどうかにまで言及しているとはいえないからである。

なお、「必要最小限度の集団的自衛権行使」は可能だとする論拠は、個別的自衛権に関して用いられてきた自衛力保持正当化の基準である「必要最小限度」論を流用するものであるが、個別的自衛権と集団的自衛権という性格を異にする権利について、同列に「必要最小限度」の概念を適用することは疑問である。というのは、個別的自衛権の場合には、自衛隊や軍事力について保有可

能な自衛力の程度が問題とされているのに対し、集団的自衛権の場合は、自衛隊の海外派兵ができる要件や範囲（地域）を問題としているからである。また、武力行使ができる「必要最小限度」の基準は、個別的自衛権に関する従来の政府見解にみられるように、国際情勢の変化や軍事技術の発達とともに変動する相対的概念であるとして核兵器の保有までもが憲法9条に違反しない「戦力」とされていることを考慮すると、集団的自衛権行使容認論者から提案されている、集団的自衛権行使に関する「必要最小限度」の基準なども、集団的自衛権行使の要件のあいまいさとともに、武力行使の歯止めになるかどうかは疑問である。[41]

V 憲法9条と集団的自衛権および永世中立

憲法9条の下では、一切の戦争と軍事力および交戦権を放棄し、紛争の軍事的解決が禁止されている。したがって、戦争や交戦権行使を正当化する個別的自衛権はもちろん、集団的自衛権も否定されていると考えられるから、平和・安全保障政策としては非武装永世中立がとられるべきである、というのが私見である。[42]

一般論としていえば、自国が非武装である場合に、他国に軍事援助してもらって自国の安全を確保する安全保障論もありうるから、非武装主義から永世中立が直ちに帰結されるわけではない。武力的な個別的自衛権を否定する非武装主義（「武力によらない自衛権」説）であっても、武力攻撃を受けた場合に他国に軍事援助してもらう「集団的自衛権」行使の体制、すなわち軍事的な安保条約を平時から締結しておくことが好ましいという立場をとるならば、永世中立は否定されることになる。これは1950年頃の政府（吉田首相）の立場でもあったが、その正当化論については、国際法学者の横田喜三郎が考察している。

横田は、自衛権論的には、軍隊の保有と再軍備が禁止されていた当時、個別的自衛権については自衛権放棄説ではなく「武力によらない自衛権」説を提唱し、国連憲章や講和条約で日本にも認められる集団的自衛権については、「日本の実力や地位からいえば、日本が他の国を援助して侵略の防止に当るという

ことは、あまり考えられない」。むしろ日本が侵略を受けた場合に、「集団的自衛権」によって他国が日本を援助することが多いであろうと述べているので、日本側から「集団的自衛権」を実際に行使することは考えられないが、理論的には「集団的自衛権」行使の可能性を否定していないようにも解される。

というのは、横田が「集団的自衛権」体制の評価を前提に、アメリカに軍事基地を提供し受け入れる駐留軍について、侵略を防止するために必要であり、日本の「戦力」でもないので憲法9条に違反しないとして容認していることは、横田が使用している用語ではないが、日本の基地提供も米軍への軍事援助だとすれば、それは武力紛争時には、広義の「集団的自衛権」すなわち「武力によらない集団的自衛権」行使を容認することになるからである。さらに将来的には、(アイスランドのように) 軍備がなくとも、国連だけでなく、北大西洋条約のような「集団保障に参加することもできる」と横田は述べている。

それはともかく、以上のような横田の見解からすると、「集団的自衛権」体制に反する「永世中立」は適切ではない。「永世中立」は国連の「集団的安全保障」とも両立しない「消極的平和主義」であり、講和後の日本の安全保障は、国連の制裁措置にも協力する「積極平和主義」でなければならないことになる。なお、この発想は、現在の安倍首相の「積極的平和主義」の源流をなすものである。

上記の横田の見解に対しては、当時、「永世中立」と「集団的安全保障」が両立するとの前提で、かつ戦争に巻き込まれるような軍事基地の提供などを認めない日本国憲法からは「新しい永世中立の観念が出て来る」ことを説く平野義太郎らの批判的見解もみられる。

このような事情を考慮すると、「永世中立」を論拠づけるには、非武装以外にも論拠を考える必要があるが、憲法9条との関係では「交戦権」放棄規定がふさわしいといえる。「交戦権」が全面的に放棄されているということは、普通の国家と異なり、まず、日本がいかなる第3国間の武力紛争においても、軍事的であれ経済的であれ関与せず (交戦当事国にならず)、選択の余地なく、常に「戦時中立」を維持しなければならない義務があることを意味する。さらに、戦時にさいしてのみならず、平時からも、武力紛争が生じた場合、一方の

第4章　集団的自衛権論批判と永世中立による平和・安全保障構想

交戦当事国に加担するような義務を負う軍事同盟条約を締結してはならない義務があることを意味する。諸国家の中で、このような義務が課されるとすれば、それは、国際法上は「永世中立」の特質といえる。以上のことからすると、憲法9条を「永世中立条項」として解することが可能である。このような日本の学説の紹介はここでは割愛するが、外国にも同様の理解をしている論者が近年若干みられる。

それはともかく、筆者はこのような理論的前提を踏まえて、上述しているように、完全な非戦・非武装に加えて交戦権を放棄している憲法9条では、「集団的自衛権」が否定されているとすれば、問題の多い国際法上の「集団的自衛権（制度）」によってではなく、「永世中立」を重視する観点からの平和・安全保障政策が考えられるべきである。あるいは、「集団的自衛権」否定論のより明確な論拠としては、個別的自衛権論との観点のみではなく、特に「交戦権」放棄に着目した「非武装永世中立」論もありうると述べておいたが、このような私見の非武装永世中立論による「集団的自衛権」論批判に依拠して、近年の「集団的自衛権」見直し論（「安保法制懇」などの論議）や海外派兵を批判する論稿も若干みられる。

例えば、政治学者の伊藤述史は次のように述べている。すなわち、「第9条は個別的自衛権とともに集団的自衛権を放棄して」いる。「そうであれば、戦後憲法は、前文と第9条において徹底した非武装永世中立平和主義を内外に向けて宣言したものであると考えることができる。第1に、集団的自衛権が否認されているならば、日本では外国軍事基地の設置や外国軍隊の駐留が禁止される。自衛権と集団的自衛権の両方の保持が禁止されているということは、非武装であると同時に中立でなければならないということである。したがって第2に、日本では他国と軍事同盟を結ぶことは禁止される。これも、集団的自衛権の否認、加えて交戦権の否認の規定からく来る原則である。第3に、もちろん中立であることは、戦時だけでなく平時にあってもそうでなければならない。『永世』中立である所以である」と。

その他の例として、自衛隊イラク派兵違憲訴訟における原告側の控訴準備書面（2007年）を取り上げておこう。周知のように、名古屋高裁（2008年）は、自

衛隊の活動態様がイラク特措法に反し、憲法9条1項で禁止される「武力行使」にも該当するとして違憲とした点で注目されているが、自衛隊のイラク派兵自体の違憲性確認については訴えを却下し、「集団的自衛権行使」の違憲性については何ら言及していない。しかし、原告側準備書面では、その点について詳論されている。すなわち、「第三国間のいかなる戦争にも参加しない義務」(戦時中立法上の義務) や、「戦争に巻き込まれるようなことを平時から回避する義務」などを内容とする「国際法上の永世中立」には、「軍事同盟に参加せず、外国軍事基地を容認しない義務が含まれるから」、「集団的自衛権は否定される」という認識を踏まえ、「澤野説によれば、『戦時中立義務が実行できるためには、平時から集団的自衛権 (軍事同盟) が否認されていなければならない』のであり、それは、国際法上の永世中立に固有のものであるとして、憲法9条第2項の戦力不保持、『交戦権』否認の条項から、『非武装永世中立』たることが要請されていると解している」と。そして、このような観点から、イラクで航空自衛隊が行っている兵員・武器等の輸送の兵站活動は「集団的自衛権の行使」であり、「中立義務」ないし憲法9条2項の「交戦権否認」に反する違憲行為であるとの論旨を展開している。

Ⅵ　永世中立（論）の活用による北東アジアの平和・安全保障構想

　日本の平和憲法（前文や9条）の理念が日本国内のみならず、世界的にも評価され、かつ生かされるべきであるとの考えを、北東アジアの平和・安全保障で生かそうとすれば、どのようなことが提言できるであろうか。
　日本政府の安全保障は自衛隊と日米安保体制によっているが、これまで建前としては、自衛隊の海外派兵禁止原則、集団的自衛権の不行使原則、「核をつくらず、持たず、持ち込ませず」という非核3原則、国際紛争中の国などには武器輸出を禁止する武器輸出3原則などを方針にかかげてきた。しかし、これらの原則は実態的には形骸化されてきたうえに、非核3原則はともかくとして放棄されるに至っている現在、平和憲法の理念に立ち返って、北東アジアの平和・安全保障においても生かされるべきである。

第 4 章　集団的自衛権論批判と永世中立による平和・安全保障構想

　それのみならず、憲法 9 条では永世中立は明記されていないが、中立政策をとることが要請されているという解釈によれば、日本の平和・安全保障政策としては、中米のコスタリカのように非武装永世中立を宣言し、日本自身が日米軍事同盟を解消して永世中立国家になるとともに、北東アジアの地域的安全保障機構ないし共同体の創設を目標に、北東アジアの軍事的緊張緩和と軍縮、さらには紛争を平和的に解決する不戦（非戦）共同体、非核地帯、中立地帯化などを提言することが課題となりうると思われる。

　世界の地域的安全保障機構としては、ヨーロッパの欧州連合（EU）や欧州安保協力機構（OSCE）、アフリカのアフリカ連合（AU）、東南アジアの東南アジア諸国連合（ASEAN）やアセアン地域フォーラム（ARF）、全米の米州機構（OAS）、ラテンアメリカのカリブ諸国共同体（CELAC）などがあるが、このような機構は北東アジアには存在していない。そこで、北東アジアの地域機構の枠組みを形成する端緒として期待されているのが「6 カ国協議」である。6 カ国協議は2003年から始まるが、2005年 9 月19日の第 4 回協議共同声明において約束された「北東アジア地域の永続的な平和と安定のための共同の努力」を実施するため、2007年 2 月13日の第 5 回協議合意文において、「北東アジアの平和及び安全のメカニズム」作業部会を設置することが決められた。この作業は、北東アジアの様々な国際政治力学の影響でストップしている現実はあるが、今後再開されることが望まれる。それに備えて、上記の諸課題のうち、中立地帯化の提言について以下で言及しておくことにする。[54]

　さて、中立地帯化を指向するということは、軍事力の提供により相互に防衛しあう（集団的自衛権を行使する）軍事同盟的な共同体であることを避けることを意味する。具体的には、6 カ国間相互において冷戦時代からの軍事同盟があるのは日米と米韓であるから、この同盟関係を解消（非軍事的な平和友好条約に転換）し、北東アジア域内には軍事同盟関係を持ち込まない約束をすることが望まれる。しかし、当面問題となっている朝鮮半島の安全保障に焦点を当てると、まずは朝鮮半島の中立地帯化を考えることが必要である。その方法としては、朝鮮半島の中立化を他の 4 カ国が保障する方式が考えられる。

　この方式については、国際政治学者の姜尚中が、6 カ国協議に関連して、次

のように述べている。すなわち、「南北両朝鮮の休戦協定を平和協定に切りかえ、そして平和協定の名のもとにおいて軍備管理、軍縮を進め、南北共存の枠組みをつくり、将来的には4大国の国際的な保障のもとにおいて南北両朝鮮が中立化へと向かっていくような構想」、そして「朝鮮半島を永世中立化し、4大国の国際的な保障のもとにおいて北東アジアの集団的な安全保障システムをつくる。これは集団的自衛権とは違う、集団的な国際的な警察機構である」と。[55]

類似の見解は、アメリカの研究者イン・クワン・ファンからも提言されている。それは、南北朝鮮の統一のプロセスにおいて、スイスやオーストリアの経験を参考に、朝鮮半島の永世中立化を4大国が承認・保障すること、そして、中立化の枠組みの中で米軍を撤退させ、ディスアーマメントも進めるという構想である。また、朝鮮半島の中立化は、東アジアの平和・安定・安全保障の樹立にも有益であるという。さらに、朝鮮半島の中立化をもたらす契機としては、6カ国協議がチャンスであるとの指摘も行っている。[56]

このように考えると、北東アジアの地域機構は、NATOなどと軍事的協力関係を強めつつあるEUのような地域機構をモデルにするのは適切ではない。むしろ、北東アジアでは、東南アジア友好協力条約（TAC）による共同体がモデルにされるべきである。というのは、TAC成立の基になっている1971年の「東南アジア平和・自由・中立宣言」（ZOPFAN、クアラルンプール宣言）は、アセアン（原加盟5カ国）が、東南アジアを外部からのいかなる干渉からも免れた平和・自由・中立地帯として承認されることが保障されるよう努めることを宣言しているからである。この宣言には、軍事同盟参加や外国軍事基地設置が必ずしも禁じられていないことから、厳密な意味の永世中立が指向されていないことから生ずる問題（中国脅威論を背景としたフィリピンとアメリカの軍事的協力の復活など）もあるが、参考となりうる。[57]

上記とは異なる方式での南北朝鮮の中立化としては、両国それぞれが永世中立憲法を制定して中立国宣言を行い、他国の承認ないし国連の承認をえることも考えられる。永世中立（国）は冷戦後存在意義を失うとみる見解もみられたが、むしろ冷戦後に新たな永世中立国が登場している。アジアの永世中立憲法の例については、東南アジアでは、アセアン加盟国でもある1993年のカンボジ

第4章　集団的自衛権論批判と永世中立による平和・安全保障構想

ア憲法が非同盟・永世中立を規定している。中央アジアでは、1995年にトルクメニスタンの永世中立が国連で承認され、憲法にも規定された。トルクメニスタンの場合は権威主義的政権でありながら、国際社会の承認をえて永世中立国になった事例（非同盟会議にも加盟）であるという意味では、権威主義的政権とみられている北朝鮮の中立国化を考えるさいには、スイスやオーストリアなどとは異なる永世中立国モデルとして参考になりうる。さらに、東南アジアにおいて米中2大国の軍事的緊張関係が高まっている現況においては、日本の場合は平和憲法に従い、内外において永世中立（地帯）化を提言していくことが課題となりえよう。

1) 多数の批判的論稿があるが、憲法学者の書いた参考となる最新の体系的な著書として、水島朝穂『ライブ講義　徹底分析！　集団的自衛権』（岩波書店、2015年）と、山内敏弘『「安全保障」法制と改憲を問う』（法律文化社、2015年）をあげておく。筆者の論稿としては本書第6章参照。
2) この節については、澤野義一『永世中立と非武装平和憲法』（大阪経済法科大学出版部、2002年）の第八章「日本における個別的および集団的自衛権論の検討」（304頁以下）で書いたことをほぼ再現しているので、参考文献の引用は基本的に省略する。
3) 豊下楢彦『集団的自衛権とは何か』（岩波書店、2007年）80-84頁。松井芳郎ほか『国際法（第4版）』（有斐閣、2002年）291頁でも、極東防衛（日米安保条約6条）のために米軍に基地提供すること自体、「集団的自衛権によらなければ説明できない」とされている（松田竹男執筆）。以下の注(10)および(32)も参照。
4) 森肇志「国際法における集団的自衛権の位置」『ジュリスト』1343号（2007年）24頁以下。
5) 安保理決議661については、松井芳郎『湾岸戦争と国際連合』（日本評論社、1993年）81頁、広瀬善男『日本の安全保障と新世界秩序』（信山社、1997年）116頁以下参照。安保理決議1368・1373については、松井芳郎『テロ、戦争、自衛』（東信堂、2002年）57頁以下参照。なお、集団的自衛権の援用事例の概要については、村瀬信也編『自衛権の現代的展開』（東信堂、2007年）45頁以下参照。
6) 松田竹男「集団的自衛権論の現在」法律時報増刊『安保改定50年』（日本評論社、2010年）67頁。なお、安倍首相の諮問機関「安保法制懇」の「集団的自衛権」行使の要件については、以下の注(41)参照。
7) A.A.Tinoco ,*Völkerrechtliche Grundlagen dauernder Neutralität*, Nomos, 1989, S. 121.
8) 佐瀬昌盛『集団的自衛権』（PHP研究所、2001年）60頁以下。
9) 同様の指摘は、大石眞「日本国憲法と集団的自衛権」『ジュリスト』1343号（2007年）

42頁も参照。
10) 1981年5月29日の政府答弁書。なお、政府の集団的自衛権の解釈については、戦後当初は明確な説明はなされていないが、1960年の日米安保改定に至る数年間の岸内閣時には、海外派兵のような典型的な集団的自衛権（行使）は認められないが、海外派兵以外で、米国に施設区域を提供するとか、経済的援助を与えることも集団的自衛権（行使）と理解すれば、憲法はそれを否定していない、といった政府見解もみられる。前者は狭義の集団的自衛権、後者は広義の集団的自衛権といえるが、1960年代以降は広義の集団的自衛権概念を容認する政府見解はなされず（このことは広義の集団的自衛権概念の実態を合憲として扱うことになる）、特に1972年以降、集団的自衛権を狭義の概念で捉え、憲法9条との関係では行使できないとする現在の政府見解が定着している。鈴木尊紘「憲法第9条と集団的自衛権」『レファレンス』2011年11月号（31頁以下）のほか、浦田一郎編『政府の憲法九条解釈』（信山社、2013年）、阪田雅裕編『政府の憲法解釈』（有斐閣、2013年）参照。
11) 大石眞『憲法講義Ⅰ（第2版）』（有斐閣、2009年）70頁。
12) 佐藤功『日本国憲法概説（全訂第4版）』（学陽書房、1991年）116頁。
13) 長谷部恭男「憲法96条と集団的自衛権」『Journalism』284号（2014年）18頁。
14) 渋谷秀樹『憲法』（有斐閣、2007年）65頁。
15) 大石眞「日本国憲法と集団的自衛権」（前掲）42頁、浦田一郎『自衛力論の論理と歴史』（日本評論社、2012年）128頁参照。
16) 角田内閣法制局長官の発言（第98回国会衆議院予算委員会、1983年2月22日）。
17) 橋本公亘「国連平和協力に関する諸問題」『判例時報』1377号（1991年）3頁以下。
18) 佐藤幸治『日本国憲法論』（成文堂、2011年）96頁。
19) 芦部信喜（高橋和之補訂）『憲法（第5版）』（岩波書店、2011年）60頁。
20) 粕谷進『憲法第九条と自衛権』（法学書院、1985年）154頁以下。なお、粕谷説と実質的に同じことは、横田喜三郎が戦後いち早く「武力によらない自衛権」論によって提唱している。以下の注(43)～(45)を参照。
21) 山内敏弘,『「安全保障」法制と改憲を問う』（前掲）59頁。
22) 憲法テキストでの筆者（澤野義一）の簡単な指摘として、澤野義一・小林直三編『テキストブック憲法』（法律文化社、2014年）28-31頁、山内敏弘編『新現代憲法入門（第2版）』（法律文化社、2009年）268-270頁（澤野義一執筆）。
23) 大石眞「日本国憲法と集団的自衛権」（前掲）45頁。
24) 西修『日本国憲法を考える』（文藝春秋、1999年）105-106頁、214頁。
25) 長尾一紘『日本国憲法（全訂第4版）』（世界思想社、2011年）312-313頁。
26) 佐瀬昌盛『集団的自衛権』（前掲）27頁以下。
27) 安倍晋三『新しい国へ』（文藝春秋、2013年）134頁以下。
28) 村瀬信也「テロ特措法に並ぶ急務　集団的自衛権の法解釈を見直せ」『WEDGE』（2007年 November）5頁。
29) 村瀬信也「安全保障に関する国際法と日本法」『ジュリスト』1349号（2008年）94頁

第4章　集団的自衛権論批判と永世中立による平和・安全保障構想

以下。長尾一紘『日本国憲法（全訂第4版）』（前掲）313頁も同様の見解。
30) 村瀬信也「テロ特措法に並ぶ急務　集団的自衛権の法解釈を見直せ」（前掲）6頁。
31) 佐瀬昌盛『集団的自衛権』（前掲）255-256頁。
32) 佐瀬昌盛『集団的自衛権』（前掲）228-229頁。
33) 佐瀬昌盛『集団的自衛権』（前掲）169-170頁。
34) 佐瀬昌盛『集団的自衛権』（前掲）188-189頁。
35) 国際法上承認された永世中立国は集団的自衛権行使ができないし、同国の憲法でも否定されている。この点については、2004年3月3日参議院憲法調査会における国際法の浅田正彦と大沼保昭の参考人見解や、2014年6月2日衆議院安全保障委員会外務委員会連合審査会での岸田外務大臣の答弁でも了解されている。
36) 集団的自衛権との関係では、豊下楢彦『集団的自衛権とは何か』（前掲）18頁以下参照。集団的自衛権だけでなく個別的自衛権も放棄できるという見解については、山内敏弘『「安全保障」法制と改憲を問う』（前掲）59頁、澤野義一『永世中立と非武装平和憲法』（前掲）279頁以下参照。
37) 澤野義一『永世中立と非武装平和憲法』（前掲）279頁以下参照。
38) 澤野義一『平和憲法と永世中立』（法律文化社、2012年）60頁以下参照。
39) 自民党の高村副総裁が最近主張し出した見解。2014年3月31日、集団的自衛権の憲法解釈見直し論議を自民党内で開始する初会合が開かれ、高村副総裁が集団的自衛権行使の限定的容認論を説明したと報じられている（『読売新聞』4月1日、同4月27日付など）。その後も、高村議員は2015年6月10日の衆院憲法審査会等において同様の発言を繰り返している。
40) 布川玲子・新原昭治編『砂川事件と田中最高裁長官』（日本評論社、2013年）参照。
41) 安倍首相の諮問機関である「安保法制懇」では、「集団的自衛権行使」については、①日本と密接な関係にある国に対する武力攻撃が発生していること、②それが日本の安全に重大な影響を及ぼすこと、③攻撃を受けた国から明白な救援の要請があること、④第3国の領域を通過するさいはその国の許可を得ること、⑤総理大臣が集団的自衛権行使の必要性を総合的に判断すること、⑥国会の承認を受けること、という6要件が必要とされている。
　なお、閣議決定では集団的自衛権行使の3要件が提示されることになるが、その問題点については本書第6章を参照。
42) 筆者の非武装永世中立論は田畑忍の憲法9条論を継承しているが、田畑の場合は、集団的自衛権概念や、当該概念と永世中立の関係などについての言及はみられない。田畑の代表論文としては、同「日本の永世中立について」『同志社法学』66号（1961年）参照。田畑の憲法9条と非武装永世中立論については、澤野義一『平和憲法と永世中立』（前掲）69頁以下参照。
43) 横田喜三郎「日本の安全保障」『国際法外交雑誌』51巻1号（1952年）12-13頁。
44) 横田喜三郎「日本の安全保障」（前掲）17頁以下。同『自衛権』（有斐閣、1951年）201頁以下も参照。

45) 横田喜三郎「永久中立論を批判する」『前進』(1949年7月号) 36頁。
46) 「座談会 講和の法理」(入江啓四郎、宮沢俊義、平野義太郎、横田喜三郎)『法律時報』22巻2号 (1950年) の横田喜三郎の発言 (10頁以下)。
47) 安倍首相が唱える「積極的平和主義」の特徴と問題については、本書第6章参照。
48) 「座談会 講和の法理」(前掲) の平野義太郎の発言 (11頁以下)。その他、田岡良一『永世中立と日本の安全保障』(有斐閣、1950年) 162頁以下。なお、澤野義一『永世中立と非武装平和憲法』(前掲) 173頁以下も参照。
49) 澤野義一『平和主義と改憲論議』(法律文化社、2007年) 254-255頁。同『永世中立と非武装平和憲法』(前掲) 235頁。
50) 澤野義一『平和憲法と永世中立』(前掲) 29頁以下参照。
51) 伊藤述史『現代日本の保守主義批判』(御茶の水書房、2008年) 242頁。
52) 名古屋高裁判決 (2008.4.17. http//www.courts.go.jp)。
53) 名古屋高裁訴訟の原告側控訴準備書面 (2007年7月9日)。その他、筆者の見解を肯定的に参照して展開している論稿として、中野進『国際法政策学』(信山社、2000年) 25頁以下がある。
54) 澤野義一『平和憲法と永世中立』(前掲) の第六章「北東アジアの安全保障と日本の平和憲法」(151頁以下)。豊下楢彦『集団的自衛権とは何か』(前掲) 217頁以下も参照。
55) 姜尚中の見解については、衆議院憲法調査会第23回調査会 (2001年3月22日) 発言。
56) In Kwan Hwang, Neutralization: An All-Weather Paradigm for Korean Reunification, in: *Asian Affairs An American Review*, Winter 1999, Vol. 25. No. 4.
57) 澤野義一『平和憲法と永世中立』(前掲) 154頁以下。
58) 澤野義一『平和憲法と永世中立』(前掲) 26-28頁。

第III部

日本の安全保障政策と改憲論
―― 民主党政権と安倍政権下の動向 ――

第 **5** 章

民主党政権下の憲法政治の憲法論的検討

I　はじめに

　2009年8月の衆院選で自民党が敗北し、鳩山民主党政権が9月に誕生しえた背景には、自民党の長期政権でとられてきた政策に対する国民の不満を解消し、打開すること（政権交代）が民主党に期待されたからであった。鳩山政権（衆院選マニフェスト）は、格差社会の顕著化をもたらした小泉自民党政権以降の構造改革路線を修正し、「国民の生活が第一」を重視する政策（一定の福祉政策の復活）、米軍再編や在日米軍基地のあり方を見直す政策、官僚主導から政治主導により民主主義を回復させる政策、改憲論についてはタカ派的立場でなく慎重な立場をとることなどを提案した。

　しかし、福祉政策については財源問題、米軍再編見直し（特に沖縄普天間基地移設問題）についてはアメリカの圧力と日本の外務・防衛官僚の説得による困難さ、といった現実に阻まれ、当初の民主党の政策が貫徹できなくなり、より現実主義的路線をとる菅首相に政権が移譲されることになった（2010年6月）。

　菅政権は、2010年7月の参院選では、普天間基地移設問題の迷走などで世論の支持率を低下させた鳩山政権が提起した沖縄や外交安保問題などは回避し、突飛にも消費税増税を争点にしたことが敗北（過半数割れ）の原因となり、衆参「ねじれ国会」の下で民主党政権を運営していくことになった。とりわけ小沢一郎議員との党代表選に勝利して以降は、社会経済政策については財界（大企業）にも受け入れられる構造改革路線ないし新自由主義政策（消費税増税以外

に法人税減税、TPP［環太平洋経済連携協定］参加方針など）、外交安保政策については「新防衛計画の大綱」策定による対米従属と軍事化を強化する政策など、自民党とも大差ない政策をとるようになった。政治主導による民主主義の回復提言については、もともと疑問の多い民主主義論であるが、議員定数削減論は鳩山政権と変わらず継続的課題とされた。

ただし、菅政権の政策実行力が財界やアメリカからみると不十分とみられたこと、また、2011年3月に起きた東日本大震災と福島原発事故の対処に関する責任が問われたことなどが原因で、菅首相は辞任せざるをえなくなった。

そこで、この菅政権の不十分さを補完できる政権として期待され、2011年9月に誕生したのが野田政権である。野田政権は、これまでの民主党政権の新自由主義政策と日米同盟路線をより深化、強化していく方針を打ち出した。それは、とりわけ関税と諸分野の規制の撤廃をもたらすTPPの締結方針に現れている。また、菅首相が提案した脱原発論を無視する原発推進政策や、国会の憲法審査会を始動させ改憲議論を再開させるなど、野田政権は、自民党政権時の政策（新自由主義および新保守主義）への回帰ないし当該政策の徹底を図ろうとしたといえよう。そこには、鳩山政権が当初かかげ、国民からも期待された公約（マニフェスト）の基本を事実上撤回する政策、あるいはこれまでの民主党政権の一貫性を欠く政策なども含まれている。

民主党は政党綱領もなく、自民党政権との政権交代を目的に集合し、自民党と大差ないグループのほか、保守タカ派グループ、右派社会民主主義グループ、市民派グループなどの寄り合い政党であるため、政治状況や世論動向との関係で、党代表・首相が選ばれてきている。その意味では、民主党政権の政策が一貫しないのも当然といえよう。

それはともかく、本章は、上記のような民主党政権下でとられてきた諸政策のうち、安全保障政策、原発政策、議会制民主主義、改憲論といった憲法政治に関するテーマについて、憲法論（立憲平和主義と立憲民主主義）的視点から概括的に検討するものである。

なお、野田政権を最後に3代続いた民主党政権は2012年12月末の衆院選で惨敗し、単独過半数を得た自民党中心の安倍内閣に政権を譲ることになる。この

ように民主党政権がすでに過去の政権であるから、ここで改めて同政権下の憲法政治を再現しておくことは無意味かもしれない。しかし、民主党政権後の安倍政権の憲法政治の特色をみると、とりわけ野田政権との連続性があり、安倍政権でも継続的課題となっているテーマもあること、また安倍政権の憲法政治に対する民主党の野党としての批判的スタンスがどのようなものであるか(例えば集団的自衛権行使容認)を分析すること等において、本章で取り上げておく意義があろう。

Ⅱ 安全保障政策

1 民主党政権と鳩山首相の安全保障政策論

　鳩山政権が当初かかげた安全保障政策の目玉は、上述したように、米軍再編や在日米軍基地のあり方を見直すことであり、とりわけ普天間基地の県外・国外移設であったが、現実的には頓挫し、鳩山首相の主張は沖縄米軍基地の存在を「抑止力論」で正当化するまでに後退し、自民党政権下の方針であった辺野古沖への普天間基地移設案を受け入れる「日米合意」を取り交わした(2010年5月28日)。しかし、それは鳩山首相の従来からの持論であった「常時駐留なき安保」論[1]と矛盾するものであったが、この持論は展開されないままに終わった。

　この点はともかく、民主党の安全保障政策の基本は、同党の改憲案に相当する「憲法提言」(2005年10月)では、「制約された自衛権」に基づき海外派兵などを容認するものである。その具体的内容は、「憲法提言」では不明であるが、鳩山議員が首相になる前に書いた『新憲法試案』(2005年)の説明から、おおよそ窺うことができるだけでなく、鳩山以降の民主党政権の安全保障政策、およびそれと関連した9条改憲論にも反映されていると思われるので、概観しておくことにする。[2]

　鳩山議員は、まず、現行憲法前文や9条には日本の独自性がないとして、「全世界の国民が、ひとしく恐怖と欠乏から免かれ、平和のうちに生存する権利を有することを確認する」という前文の規定を削除し、「自立と共生の精神

に基づいた友愛の国づくりを目指す」ことを強調する、きわめて抽象的な簡単な前文を提案している。

　憲法９条については、侵略戦争のみの否認と自衛軍の保持、国連やその他の国際機構の平和活動への参加を明記することで、「日本が国家の自然権として個別的、集団的自衛権を保有していること」になり、自衛のための武力行使と、国連決議のある場合の海外派兵、および一定の集団的自衛権行使が容認されるという。国連決議のある場合の海外派兵には、多国籍軍や平和執行部隊、国連常設軍などが含まれる。この点は、小沢一郎議員との見解とも共通している。

　集団的自衛権に関しては、従来の政府見解と異なり、外国軍隊に基地を貸すことや、輸送に協力することなどの後方支援（いわゆる「武力行使と一体化しない後方支援」）も「制限的な集団的自衛権行使」になるとの認識で正当化するだけでなく、周辺事態を含む日本有事のさい、日本近海で救援に駆けつける米軍が攻撃を受ける場合の反撃も正当化される。

　また、海賊行為の取り締まりでの国際警察活動分野で国益が重なる友好国間で、軍事的協力関係を築くことも、制限的な集団的自衛権行使ないしアジア太平洋地域での集団的安全保障機構の形成につながるという。このような認識があったからこそ、ソマリア沖へ自衛隊を派遣する海賊対処法につき、国会の事前承認の点を除くと、自民党政府案には論理的には反対する理由はなかった。鳩山議員は、自衛隊のイラク派兵にも反対したが、それは違憲だからではなく、アメリカに密着しすぎるとか、国益に反するといった政治的次元での反対にすぎない。

　さらに、鳩山議員は、改憲とあわせ、安全保障基本法を制定し、自衛権行使や海外派兵の要件、国家緊急事態の定義などを定めるという。なお、地方分権の下で、地方にもできるだけ立法権を付与するとしながら、外交・安全保障については国の専属的立法権の対象としているのは、憲法９条の観点から自治体独自の平和行政を実施すること[3]に対する障害となる点でも、疑問がある。

第5章　民主党政権下の憲法政治の憲法論的検討

2　菅政権の安全保障政策

「緊密で対等な日米関係」については、菅民主党の参院選マニフェストでは、鳩山衆院選マニフェストの公約にあった「米軍再編や在日米軍基地のあり方についても見直しの方向で臨む」という一定の理念的方針が消え、「現実主義を基調とする外交」方針に転換された。したがって、「日米同盟の深化」は、対米従属的な外交安保の継続と「深化」を意味し、当初の理念を撤回した鳩山政権が決定した「日米合意」（辺野古沖新基地建設や米軍訓練地域の全国拡大など）のほか、参院選マニフェストに基づいて、海外派兵の拡大による軍事化を進めることになる。

それは、具体的には、PKO（国連平和維持活動）協力についてはネパール派遣の延長、ソマリア沖海賊対処活動の継続、オーストラリア・韓国・インドなどとの防衛協力推進の方針などに現れている。日米間演習でない多国間軍事演習も行われるようになった。2010年6月からハワイ沖で世界最大の環太平洋合同演習が14カ国（2万人参加）で行われ、海上自衛隊が初めて参加した。同年10月中旬には、北朝鮮船舶の武器搬出等を阻止する名目で、PSI（大量破壊兵器拡散防止構想）海上封鎖訓練が米軍の指揮の下で日本、韓国、オーストラリアの多国籍軍で実施された。さらに、平時の日韓物品役務相互協定（ACSA）も締結する方針が示された。

軍事大国化の動きは、参院選マニフェストに明記された「防衛装備品の民間転用の推進」にも現れているが、防衛産業の要請に応えて武器輸出3原則の見直しに帰着する。

また、東日本大震災後の日米同盟の深化を約束した2011年6月の「日米2プラス2共同声明」では、震災に関する米軍の「トモダチ作戦」が高く評価されるとともに、世界の海賊対処において協力することや、対中国軍事作戦を想定して沖縄の南西諸島を日米軍が利用する方針などが示された。

以上のような動きに呼応するかのように、菅首相の諮問機関から2010年8月に提出された「新安保防衛懇報告」（『新たな時代における日本の安全保障と防衛力の将来構想』）においては、冷戦時代の必要最小限防衛力ないし専守防衛力論に基づく「基盤的防衛力構想」に代えて、集団的自衛権行使の部分的容認、多様

な事態に弾力的に対応できる「動的抑止（力）」論、武器輸出3原則の見直し、海外での武器使用規制の緩和、非核3原則の見直し、PKO原則の見直しなど（民主党の「憲法提言」で使用されている表現を用いた「平和創造国家」）が提言され、2011年度以降に係る「新防衛計画の大綱」（2010年12月閣議決定）の指針ともなった。なお、この「大綱」では、上記の「動的抑止（力）」に相応する「動的防衛力」概念がキーワードになっている。

3 野田政権の安全保障政策

まず、日米安保に関して、鳩山首相の場合は、対米従属路線を修正し対等な日米関係と、アジア関係を一定重視する姿勢から「東アジア共同体」論を提案していたが、野田首相は、それが日米同盟を軽視するものとして反対している。そして、東日本大震災における米軍の「トモダチ作戦」を評価し、普天間基地の辺野古移設など日米合意を積極的に推進しようとした。日米同盟については、「アジア太平洋」の地域安全保障の「国際公共財」としても位置づけている。

なお、「トモダチ作戦」については、災害救助の役割を果たしたことは否定できないが、日米新ガイドラインの日米共同軍事作戦行動の訓練でもあったことに留意する必要がある。費用面でみると、日本が米軍に支援している「思いやり予算」約2000億円の約2割の40億円程度の活動費用を使ったにすぎない。アメリカが日本の本当の「トモダチ」ならば、「思いやり予算」全額を震災救助のため日本に返上すべきではなかっただろうか。

野田政権の安全保障政策の方針は、民主党政調会長として訪米した前原議員の主張、すなわち、普天間基地の辺野古移設、武器輸出3原則の緩和、PKO5原則（武器使用基準）の緩和などの公言に現れているが、これらの提案は、上述の「新安保防衛懇報告」にみられるものである。野田首相も、著書論文などにおいて、集団的自衛権行使や自衛隊恒久派兵法を容認するとともに、憲法9条改正（新憲法制定）論の持説を述べている。

紛争地域にある南スーダンへのPKO派遣に関する野田政権の決定は、このような方針に沿ったものであるが、その違法・違憲性が問われよう。

野田政権の改憲論を秘めた対米従属強化論のバックボーンにあるものは、松下政経塾のプロジェクトである点に留意しておく必要がある。野田民主党政権の方針を決定するキーマンであった前原政調会長と野田首相は、いずれも松下政経塾出身であり、同塾の「日米次世代会議」が提言した報告書『日米同盟試練の時』(2008年)のプロジェクト委員と賛同者である。この報告書には、「東アジア共同体」より日米同盟基軸の「アジア太平洋共同体」を重視する観点から、集団的自衛権行使の容認、恒久派兵法の整備、憲法9条2項の改正、アメリカの「核の傘」の維持、非核3原則の「核を持ち込ませず」の修正といった政策提言がなされている。

野田政権下ではこのような安全保障観に立って、2014年4月27日の日米安全保障協議委員会(2プラス2)共同声明と30日の日米首脳共同声明付属文書「日米協力イニシアティブ」において、日米同盟強化の方針が示されることになる。前者では日米軍共同の訓練や施設利用等による動的防衛力強化、海兵隊を沖縄・グアム・ハワイ等に分散する米軍再編、普天間基地の辺野古移設などが、後者では、テロ・大規模破壊兵器・海賊等のグローバルな脅威への共同取組、TPPの推進、福島原発事故での日米協力を踏まえた原子力エネルギーの平和利用推進などが課題とされている。しかし、これらは日本の平和憲法を形骸化することになるものばかりである。[9]

Ⅲ 原 発 政 策

1 民主党政権の原発政策と憲法問題

民主党政権はもともと原発輸出を含む原発推進の立場にあったが、2011年3月の福島原発事故に直面し、対応策の責任が問われる中で、退陣直前の菅首相は脱原発による新エネルギー政策論に転換した。しかし、それは民主党内や支配層に支持されず、結局、野田首相は原発輸出と原子力の平和利用を名目にした原発稼働政策を継続する方針をとった。しかも、原発を新興国が求める限り輸出するのが震災後の日本の「新しい国際貢献」として正当化しているが、[10]福島原発事故の復旧や原発の安全性の目処がない中での野田首相の見解と政策

は、きわめて無責任であったといえる。

　2012年6月には、「平和目的に限り、安全の確保を旨として」原子力利用を行うとする原子力基本法の2条第2項として、「前項の安全の確保については、確立された国際的な基準を踏まえ、国民の生命、健康および財産の保障、環境の保全ならびにわが国の安全保障に資することを目的として、行うものとする」という規定を追加する法改正が、自民党提案を民主党政権が受け入れて成立する。これによって、原発の構造的な欠陥等による事故に対する「安全の確保」の意味が、日本の防衛や軍事を念頭にした「安全保障」にまで範囲が拡大されることになった。それは、これまでは公言することを避けてきたが、今後は原発の核武装化に道を開く余地があること（核の潜在的抑止力）や、日米軍事同盟下で原子力利用協力を推進していく意図があることを顕在化させたともいえる。

　それはともかく、原発事故に関する喫緊の課題は、避難者に対する賠償や救援への迅速な対応でなければならないが、それと同時に、原発（運用）自体の問題を検討しておくことも必要と思われる。

　原子力の軍事利用（核兵器の製造・使用など）には反対するが、平和利用（電力発電用原発）は容認するという、これまでの二重の基準ないし区分論は、福島原発事故が及ぼしている深刻な事態に直面し、見直しを迫られている。日本では、核保有の是非や違憲性論議については多くの議論がなされてきたが、原発の違憲性を問うような憲法論議は、平和憲法擁護論者からもほとんどなされてこなかった。しかし、福島原発事故は、原発（運用）自体の違憲性について考えるきっかけを与えている。

　結論的にいえば、日本国憲法は原発を禁止する規定をもっていないが、原発を容認するものと解することはできない。これについては、基本的人権と非戦・非武装平和主義の憲法9条との両観点から検討することができよう。

2　日本国憲法からみた原発問題

　日本国憲法では核兵器や原発を禁ずる明文規定がないが、この問題はどのように考えるべきであろうか。

核兵器保有については、政府は自衛権（必要最小限自衛力）を論拠に合憲としてきているが、このような解釈は学説ではほとんど支持されていない。核兵器は憲法9条が禁ずる明白に違憲の「戦力」「武力」であり、核兵器を使用すれば「武力行使」に当たり違憲となる。

　原発については、潜在的に戦争手段に転用できる違憲の「戦力」と解することができよう。1950年代から原子力の平和利用を名目に原発関係の立法と運用計画がなされたが、政治家たちの中には原子力兵器をもつ能力をつけることも意図していたことは明らかである。自民党の石破茂議員等は、核（兵器）の潜在的抑止力を維持するために原発をやめるべきではないといった主張をしている（『SAPIO』2011年10月5日号）。

　原発については、上記の問題点のほか、原発の放射能汚染により、憲法が保障している住民の生命権をはじめとして、生存権、環境権、居住・移動権、財産権、勤労権、営業権などの多面にわたる人権侵害が、公害に比べ、広範囲かつ永続的に生ずる危険性が現実的に明確になった以上、原発稼働は違憲とみるべきである。放射能汚染による人権問題は、特に憲法11条や97条の精神に立脚して、「現在の国民」にのみ関するのではなく、「将来の国民」（未来世代）にまでかかわる深刻な問題であるという観点から考える必要がある。また、原発に対する他国やテロ集団の武力攻撃による住民の「平和的生存権」（憲法前文）侵害の危険性も、原発存在の違憲性の論拠になろう。

3　原発禁止に関する外国の憲法論、憲法および法令

　原発に関する以上のような憲法解釈論については、原発を禁止する憲法を有しないが、原発を違憲とした中米コスタリカの最高裁憲法法廷判決（2008年）が参考になる。この判決は、ウランなどの析出、核燃料および核反応機の製造を可能とする政令に対し、同国憲法の平和の価値や健全な環境を求める権利を侵害し、違憲無効としたものである。なお、コスタリカは、日本国憲法9条に近似する非武装平和憲法をもち、非武装永世中立宣言もしていることでも知られている。

　原発を禁止している外国の憲法で注目されるのは、1999年オーストリア非核

憲法である（その他には1979年ミクロネシア連邦憲法と1981年パラオ憲法）。同憲法は、世界でいち早く制定した同国の1978年「原発禁止法」を踏まえたものである。この原発禁止法は、ドナウ川のツベンテンドルフ原発建設反対に関する国民投票の結果を反映して制定されたものであるが、原発反対理由としては、放射能放出による人間の健康への危険性、核廃棄物の管理・処分の未解決問題、原子力の平和的エネルギー利用と軍事的産業の結びつき、原子力災害時の緊急対処計画の不十分さ、原発建設地域で大地震がこれまでに発生していることなどがあげられている。なお、同法は1983年には憲法裁判所から合憲であるとの判決も得ている。

原発禁止法制定以降、スリーマイル島（1979年）やチェルノブイリ（1986年）の原発事故が起こったことのほか、オーストリアが1995年にEU加盟するさいに保守政党がNATO加盟を主張し出したことを契機に、核兵器の国内配備や通過も禁止しておく必要から、核兵器使用などと同時に原発も禁止する非核憲法が制定されたのである。同国は非核・脱原発に加えて、外国軍事基地を容認しない「永世中立」の憲法政策もとっているが、これは非武装永世中立憲法9条を有する日本でも実践すべきものである。[11]

要するに、日本国憲法において原発が違憲であると解されるならば、現存の原発稼働は許されず、停止・廃止すべきことになる。国会では脱原発法（原発禁止法）を制定し、自治体では、非核平和都市宣言の中に脱原発宣言を含めるなどの運動が今後検討される必要がある。あるいは、原発禁止を含むアメリカのバークレー市「非核条例」のようなものを制定すること、また、日本の市民運動でこれまで追求されてきた「無防備平和都市条例」の中に、脱原発条項を追加することなども検討課題となりえよう。[12]

Ⅳ　議会制民主主義──国会議員定数削減論を中心に

1　民主党政権下の議会制民主主義論の問題

鳩山政権時の「マニフェスト」の基本目標の1つに、「政治主導を確立することで、真の民主主義を回復する」ことがかかげられ、法改正をともなう国家

第5章　民主党政権下の憲法政治の憲法論的検討

公務員制度や国会の改革論などが提起された。「国会改革」論（党幹部の決定事項によるものも含む）について言及すると、そこには次のような内容が含まれている。

　主要なものとしては、①政府参考人制度を廃止し、官僚の国会答弁を禁止する。②政府特別補佐人から内閣法制局長官を除外する。③政治家同士の国会論戦を行う衆参委員会とは別に、行政監視を目的とする「新たな場」（意見聴取会）を設け、官僚や識者から意見を聴取する。④衆議院比例定数を80削減する。⑤常任委員会の定数削減と定例日を廃止する。⑥国会会期の見直しにより国会を通年とする。⑦与党議員による議員立法を禁止する。⑧陳情は議員でなく民主党（本部、幹事長室）が集約する、といった内容である。

　しかし、これらの提案は、議会のもつ国政監視、立法審議、国民代表の役割が不可分のものとして機能してこそ意味をもつ国会の地位と議会制民主主義を軽視ないし形骸化するものである。その具体的な問題点の検討は、ここでは割愛するが、結論的にいえば、議会の国政監視機能の形骸化をもたらす恐れのある事項としては、政府参考人制度の廃止（官僚の国会答弁禁止）、政府特別補佐人からの内閣法制局長官の除外、「意見聴取会」の設置などが該当する。立法審議機能の形骸化をもたらす恐れのある事項としては、通年国会化、常任委員会の定数削減と定例日の廃止、与党議員による議員立法禁止、民主党への陳情の集約などが該当する。国民代表機能の形骸化をもたらす恐れのある事項としては、衆議院比例定数を80削減する提案が問題となる[13]。

　結局、民主党の「国会改革」論の内容は、「真の民主主義を回復する」ものとは思われない。むしろ、それは民主党の党優位の下での政府・統治権力を強化するものである。これが「政治主導」の実態でもある。このようなことが国民の前に明らかになったことで、「国会改革」提案の多くが取り下げられることになった（2010年5月に国会に提出された「国会改革」法案は2011年5月に取り下げ）。ただし、議員定数削減論については、引き続き、重要課題とされることになる（以下で検討）。なお、内閣法制局長官の国会答弁の禁止については、野田政権は国会答弁の復活を検討する方針（2011年9月13日閣議）を出すことになるが、改憲論との関連性については後で検討する。

2 国会議員定数削減論の正当化論

「衆議院比例定数80削減」論は、2009年衆議院選の民主党マニフェストに明記され、税金ないし経費の「ムダづかい」見直しの項目に位置づけられ、かつ「政権交代が実現しやすい選挙制度」を実現するための政策としても位置づけられている。「政権交代が実現しやすい選挙制度」は、「民主党政策集 INDEX2009」によれば、「政権選択の可能な選挙を実現するため、小選挙区制をより重視する観点から」の「衆議院比例定数80削減」ということである。

結局、国会議員定数削減論の名目は、基本的には「経費ムダづかい見直し」と「政権選択可能な選挙の実現」（小選挙区制の重視）の2つであるが、このような議論は今に始まったものではない。「経費ムダづかい見直し」論は、1999年に衆議院比例定数が200から180に削減された当時（自民・自由・公明連立政権）においても、「国民がリストラを受けているから、国会議員も痛みを分け合うべきだ」とか、「行革で経費を削減しているのだから議員も自ら血を流すべきだ」といった言い方で正当化されていた。

「衆議院比例定数80削減」論はすでに2003年の民主党マニフェストにかかげられていたが、小選挙区重視論との関連では、当時党代表の菅直人議員は「将来的には単純小選挙区だけの定数300もありうる」と述べている。また、小選挙区制と政権交代論の関係については、小沢一郎議員は民主党員になる前の1993年に書いた『日本改造計画』で、支持率の変化が敏感に議席に反映して政権交代が起きやすい小選挙区制（特に「単純小選挙区制」）が、大規模に政治改革や選挙制度改革を行うには最もよいと述べている。[14]

なお、議員定数削減について、社民・共産党以外の政党はほとんど賛成論である。各政党見解の論評はさておき、以下において、「経費ムダづかい見直し」論と「政権選択可能な選挙の実現」論の名目や実際のねらいについて検討しておく。

3 国会議員定数削減論の問題点（その1）
——「経費ムダづかい見直し」論について

「経費ムダづかい見直し」論の観点からの国会議員定数削減論は、公務員全

第5章 民主党政権下の憲法政治の憲法論的検討

般の削減論や、国会議員にふさわしくない議員への批判論が高まっている状況下では世論の支持を受けやすい。しかし、それだけで議員定数削減を正当化するのは論理の飛躍がある。また、アメリカの議員に比べ日本の議員数が多いことも、議員定数削減の論拠とされることがある。確かに、アメリカに比べると日本の議員数は多いといえる。しかし、人口10万人あたりの下院議員数はG7の国々の中ではアメリカを除くと日本は最下位であり、決して多くはない。数値でみると、イタリアは1.07人、イギリスは1.06人、フランスは0.93人、カナダは0.9人、ドイツは0.4人、日本は0.38人、アメリカは0.14人である。

さて、議員定数削減により議員数が少なくなることは、国民の多様な民意や少数者の利益を国政に反映できなくなるので、基本的には好ましくない。アメリカの「貧国大国」の一因が、小選挙区制・2大政党制で議員定数が少ないことにあると考えられる。また、議員定数が削減されると、政府・官僚統制力が低下することも危惧される。それにもかかわらず国会議員定数削減が必要だというためには、定数削減が「経費ムダづかい見直し」に大きな財政的効果があるものでなければならない。

しかし、衆議員定数を80削減する程度では、大した経費節約にはならないのである。衆議院議員1人に支給される歳費、文書通信交通滞在費、立法事務費の年間経費は4120万円、秘書費用などを含めると約7000万円であるから、議員80人を削減しても、56億円程度の経費が節約されるにすぎない。

「経費ムダづかい見直し」を徹底するのであれば、また国会議員が身を切って「経費ムダづかい見直し」を行うというのであれば、毎年320億円の税金が使われる「政党助成金」を削減すべきではなかろうか。政党助成金は、使途の報告義務がなく、国庫への返納義務もない。新党結成に悪用されている。「企業・団体献金」を廃止する代わりに導入されたのに、企業・団体献金が禁止されずに政党助成が行われている。これらの問題以外に、政党助成は特定政党を支持しない国民からも税金をとって支給する点で、思想・信条の自由を侵害する違憲の制度なのである。その他にも、違憲の米軍への「思いやり予算」約2000億円の削減なども検討されるべきである。[15]

このように、国会議員定数削減論が「経費ムダづかい見直し」論の観点から

は合理的な論拠が乏しいとしたら、国会議員定数削減論は別の本当のねらいがあると考えざるをえない。それは、次に検討する「政権選択可能な選挙の実現」論である。

4 国会議員定数削減論の問題点（その2）
──「政権選択可能な選挙の実現」論について

(1) 小選挙区制選挙導入後の政治改革と政権交代の実態

　国会議員定数削減論の本当のねらいは、「政権選択可能な選挙」ないし「政権交代が実現しやすい選挙制度」の実現であるが、そのさいに想定されているのは、政策が近似する同質的な2大政党制による政権交代である。そして、その実現手段として好ましいとされているのが小選挙区制である。したがって、比例区選挙と小選挙区選挙が両用されている場合には、比例区選挙の議員定数がまずは削減対象となり、小選挙区制がさらに徹底される方向に政策提言が向かうことになる。

　そこで検討されるべきことは、小選挙区制と2大政党制の問題、「政権選択可能な選挙」でどのような国家や政治経済社会をつくろうとしているのかの問題である。

　これらの問題を考えるにあたっては、1994年の小選挙区を中心とした選挙制度（小選挙区比例代表並立制）の導入以降の政治改革が何を意図し、どのような結果をもたらしたかを検証することも必要である。当該選挙制度は、それまでの中選挙区制を廃止し、政策・政党本位の選挙、金のかからない（金権腐敗・買収等防止）選挙、政権交代が起きやすい選挙を実現する名目で導入され、1996年10月から実施されてきた。

　しかし、「政策・政党本位の選挙」は「マニフェスト」選挙に象徴されたが、実効性や財政的裏づけに疑問のある政策が多かった。他方、「マニフェスト」が国民から信託された拘束力ある政権与党の公約とみなされるならば、議会の審議・修正権が軽視され、内閣・首相の強権的な政治主導を正当化することになるという問題もあった。結局、「金のかからない選挙」は決してなくなったわけではないし、政党助成金という形で多額の税金がムダに投入されてきてい

る。企業・団体献金の禁止もまだ実施されていない。「政権交代」に関しては、容易に起きるようになったといえるかは疑問である。1996年から2005年までの総選挙で誕生した政権は自民党を中心とした連立政権（橋本、森、小泉）であり、小泉政権以降は総選挙がなく自民・公明党が連立する政権（安倍、福田、麻生）である。2009年8月総選挙でようやく民主党中心の連立政権が誕生したが、それは必ずしも小選挙区制によって政権交代が可能となったものではない。自民・公明両党による長期政権に対する国民の不満と政権交代の期待が、民主党の総得票率を高めた結果である。

　もっとも、この政権交代ではっきりしたことは、支配層が期待した同質的な保守2大政党による政権交代の実現であり、民主党政権は自民党政権と大差のない政策を遂行していくということである。1994年頃からの構造改革、政治改革、選挙制度改革で生じたことは、新自由主義的な規制緩和や構造改革政策による格差社会の顕著化（社会権的人権の侵害）、平和憲法を形骸化する海外派兵の拡大や有事法制の制定、護憲政党の極端な議席喪失と改憲政党・議員の増大などである。戦後の小選挙区制導入論は、もともと保守政党が改憲を実現するために提唱されてきたものであるが、現在の選挙制度の下でも、議席数では改憲の条件がそろっている現状にある。したがって、比例定数をさらに削減することを容認することはきわめて危険である。また、現在の小選挙区を中心とする選挙制度と保守2大政党制が定着したとしても、無党派層の増大や投票率の低下をもたらす民主主義にとっての深刻な問題も生ずる。[16]

(2) **小選挙区制選挙の憲法論的検討**

　そこで考えなければならないことは、小選挙区を中心とする選挙制度や2大政党制論を唯一妥当なものとして推進することが適切であるかどうかである。国民の多様な民意を政治に反映させ政治参加が促進されるには、第3政党や一定の少数政党も当選できる比例代表制や多党制が好ましいのではなかろうか。民主党が模範とするイギリス議会政治においても、地方選挙では比例代表的な選挙が行われ、主要政党も比例代表的な国政選挙の導入を検討している。世界的には比例代表制が圧倒的に多く、小選挙区と2大政党制は「発達した民主国では、ほとんど絶滅寸前なほど珍種」[17]と評されているのである。なお、政権交

代は比例代表制の下でも起き、小選挙区制とのみ結びつくものでないこと、小選挙区制であっても2大政党制にならない国（カナダなど）もあること、比例代表制でも2大政党制になる国（オーストリアなど）もあることなど、多様な政治現象があるのが世界の実情である[18]。このような事情を考慮すると、民主党が小選挙区制と2大政党制による政権交代論に固執していることは、時代に逆行しているといえる。

さらに、選挙の目的について政権選択や政権交代に主眼をおき、そのための手段として小選挙区制を絶対視することは、日本国憲法の観点から正当化できるのかといえば、疑問であるといわざるをえない。

憲法が選挙目的について規範的に要請しているのは、国民主権に基づいて、正当に選挙された、全国民を代表して行動する国会議員を国民が選出することにある（前文、43条）。国民代表選出の方法は平等選挙の原則（14、43条）に基づくことになるが、その内容が単に選挙権が平等に保障されるだけではなく、投票の結果価値も平等に保障されるべきものだとすれば、小選挙区制は多くの死票を生み、多様な有権者の意思・民意を正当に国会に反映することを妨げる点で、平等原則に沿うことにならない。その点では、比例代表選挙制は多様な民意を国会に反映できるので、憲法に適合的といえる[19]。

歴史的にみると、古典的な近代憲法の国民主権（「nation（国民）主権」）の下では、小選挙区制と制限選挙制によって選挙された名望家代表による政権交代可能な議会政治が行われ、議員は国民から何ら拘束されない自由委任の国民代表制がとられていたが、現代の国民主権（「people（人民）主権」）の下では、労働者階級や女性の参政権獲得運動によって普通選挙制や直接民主制的制度が導入され、政党政治も定着することで、多様な民意を反映する比例代表制が一般化し、かつ議員が政党や国民に事実上ないし法的に拘束される命令委任的国民代表制（政党名簿に基づく比例代表選挙なども含まれる）がとられるようになっている。このような現代的国民主権と国民代表制論を踏まえると、近代的な国民主権と国民代表制を前提にした小選挙区制論は、現代の民主主義に適合的とはいえないであろう。

V 改 憲 論

　改憲論については、改憲を促進するための手続きや政治制度改革に関する問題と、改憲内容に関する問題が検討される必要がある。上述したような、国会議員の定数削減や内閣法制局長官の国会答弁禁止といった憲法政治の制度的改革提案は、民主党に自覚があるか否かはともかく、改憲を容易にするため（改憲促進ないし解釈改憲）の制度的環境づくりに結びつくものである。また、国会の憲法審査会や憲法改正国民投票法などは、改憲を促進するための手続きといえる。

　以下においては、民主党政権下の改憲論について、まず、憲法審査会と憲法改正国民投票法に関する対応の問題点を検討し、次に、内閣法制局長官の国会答弁禁止に関する問題を検討しておくことにする。そして、最後に改憲内容について検討する。

1　憲法審査会と憲法改正国民投票法に関する動向

　ひるがえってみると、民主党は、2000年から約5年間行われた国会の憲法調査会の審議を通じて、憲法に対するスタンスを「論憲」論から「改憲」論に軸足を移し、自民党の「新憲法草案」に対置するものとして2005年に「憲法提言」を公表している。[20] 憲法改正国民投票法の制定（2007年5月14日）にさいしては、自民党案には反対したが、民主党の法案を提示することで、結果的には国民投票法の制定を推進する役割を果たしたといえる。しかし、鳩山政権（マニフェスト）においては、改憲論議については自民党との協力を拒否してきた関係で、「慎重」に検討していく方針が示されたこともあり、国民投票法が施行（2010年5月18日）されてからも、改憲原案や国民投票法などを審議できる国会の憲法審査会の再開には消極的な立場をとってきた。

　しかし、野田政権になってからの2011年10月20日、衆参の本会議で民主・自民・公明党などの賛成多数（共産・社民党は反対）により、憲法審査会委員の選出が強行された。国会の憲法審査会規程はすでに制定されてはいたが（衆院規

程は2009年6月に自・公両党により強行採決、参院規程は2011年5月に民主も含め採決)、委員の選出は行われていない状態にあったところ、野田民主党になって、衆参「ねじれ国会」をスムーズに運営するため、自民党などに妥協したといえる。これで憲法審査会が具体的に始動できるようになった。委員の定数は衆院が50人、参院が45人であるが、ほとんどが改憲派議員で占められ、衆参の護憲派議員はそれぞれ2人(共産・社民が1人ずつ)しか配分されていないから、政治状況によっては、改憲作業が一挙に進まないとも限らない事態になっていた。

なお、憲法改正国民投票法については、参議院においては、施行までに検討すべき18項目の「附帯決議」(投票年齢、最低得票率、公務員等の国民投票運動の規制など)が、まだ検討されていない状況にあった。[21]

2　内閣法制局長官の国会答弁禁止による解釈改憲指向

(1)　内閣法制局長官の国会答弁禁止の意図

現行国会法(69条Ⅱ)は、内閣法制局長官、人事院総裁、公正取引委員会委員長、公害等調整委員会委員長の4名について、大臣を補佐する政府特別補佐人とし、議会で答弁することを認めている。これは、政府参考人の国会答弁原則禁止の例外であり、内閣から一定の距離を保った独立的な行政機関として活動することが期待されてきたものである。

ところが、鳩山政権以降、政府特別補佐人から内閣法制局長官だけを除外し、法令解釈の答弁は内閣官房長官が原則担当することになったが、それは、以下の民主党幹部らの主張から明らかなように、従来の内閣法制局の憲法解釈では認められなかった安保政策(「護憲的」解釈例)について、民主党内閣の下で解釈変更によって推し進めること、すなわち解釈改憲のためである。

小沢一郎議員は、2007年民主党代表であったとき、「国連の平和活動は、たとえそれが武力の行使を含むものであっても、日本国憲法に抵触しない」とし、政権をとったら、アフガニスタンのISAF(国際治安支援部隊)に参加すると述べていた。[22]その淵源は、民主党員になる前の1993年に書いた『日本改造計画』においてすでにみられるが、自衛隊の海外派兵による国際貢献に関連し

て、彼は「湾岸戦争のとき、政府を支えるべき内閣法制局が従来の見解に固執して政府答弁が食い違ったこと」に不満を述べていた[23]。そして、自由党時代の2003年には、憲法や条約の有権解釈の権限を官僚から奪い返すために、「内閣法制局設置法を廃止する法律案」を国会に提出している。

鳩山議員の場合も、2005年刊行の『新憲法試案』において、国連決議のある場合の多国籍軍や国連常設軍参加を容認し、これを違憲とする内閣法制局見解を批判している。さらに、外国軍への基地貸与や輸送協力、周辺事態における米軍擁護のための攻撃などを「集団的自衛権の制限的な行使」として容認し、集団的自衛権を厳格に解釈する内閣法制局見解を批判している。そして、「行政府の一部局にすぎない内閣法制局の憲法解釈が公権的解釈として通用し、政府も国会もこれに拘束されている現状は、法治国家として極めて不正常」と述べている[24]。また、鳩山議員が首相になってから、憲法解釈について、「内閣法制局長官の考え方を金科玉条にするのはおかしい。それを採用するかしないかは内閣が責任をもたなければならない」と述べている（2009年11月4日の記者会見）。

このような内閣法制局長官の国会答弁禁止の運用について、野田政権は国会答弁の復活を検討する方針を出すことになるが、内閣法制局の役割については、以下に言及するように、憲法の解釈「改憲的」側面と「護憲的」側面とがみられることに留意しておく必要がある。

(2) 憲法と内閣法制局の役割

内閣法制局に関しては、内閣法制局設置法で位置づけられ、「閣議に附される法律案、政令案及び条約案を審査し、これに意見を附し、及び所要の修正を加えて内閣に上申すること」（審査事務）、あるいは「法律問題に関し内閣並びに内閣総理大臣及び各省大臣に対し意見を述べること」（意見事務）などを任務としている。法令等の審査にさいして憲法適合性が問われる場合には、内閣法制局として憲法解釈を示すが、それは、「内閣としての憲法解釈の統一を図り、行政府が憲法の尊重擁護義務というのを間違いなく果たしていくことができるようにという観点からのもの」である（2001年6月6日、参院憲法調査会、阪田内閣法制局第1部長）。

もちろん、政府の有権的憲法解釈権は首相を長とする内閣にあるといえるが、「内閣が代わるたびに解釈が変わるのでは、法に対する国民の信頼は保たれない。憲法解釈は政治主導であってはならない。」(阪田前内閣法制局長官、『朝日新聞』2010年1月15日付)。

　このような意味においては、内閣法制局は、内閣の政治主導的な憲法解釈に対する歯止めとなる「護憲」的な役割を担っていることを自覚しているといえる。阪田前内閣法制局長官は、「政府や立法府は解釈を変えるのではなく、時代に合わせて法律を変えるのが本来の役割ではないか。憲法九条が時代に合わなくなったとすれば、解釈を変更するのではなく、改正のための努力をすることこそ政治ではないか。」と述べている(前掲『朝日新聞』)[25]。従来からも、内閣法制局見解では、「国会等において論議の積み重ねを経て確立され定着しているような」憲法解釈については、政府が基本的に変更することは困難とされている(1998年12月7日、衆院予算委員会)。「護憲」的解釈の例としては、武力行使を目的とする海外派兵は国連決議がある場合でも認められないという解釈、あるいは日本国は集団的自衛権を有するが行使することは禁止されているといった解釈がある。

　しかし、その一方で留意すべきは、自民党政権下の内閣の安保政策を正当化する政治主導の憲法解釈が内閣法制局によって行われ、事実上定着してきたことである。このような内閣法制局の解釈改憲の例として、「戦力でない自衛力」概念によって自衛隊が正当化されたり、自衛隊の海外派兵が「武力行使を目的としない海外派遣」と区別され正当化されてきた[26]。それは、最終的な憲法の有権解釈権を有する最高裁判所(憲法81条)が、憲法9条に関する軍事・安保関連問題については憲法判断を回避するため、内閣法制局の憲法解釈が事実上拘束力ある有権解釈の扱いを受けてきたことにも原因があろう。

3　民主党政権下の改憲論議

　改憲論について、上述したような改憲促進の手続きや制度改革に関する問題以外に、改憲内容に関する問題がある。しかし、改憲論議が目立ったタカ派的な第1次安倍自民党政権が崩壊して以降、民主党政権に至るまでは、改憲内容

の是非をめぐる論議は下火になっていたため、特筆すべきものはあまりないが、1つだけ特徴的なものについて言及しておくことにする。

それは、2011年3月に起きた東日本大震災と福島原発事故を契機としたものであるが、要するに、大災害などの非常事態に対して、日本国憲法は対処できないとして、国家緊急事態権を憲法に規定すべきだという主張である。改憲論者や改憲政党などの多くが、そのような主張をしている。その意図は、緊急時には私権が制限される必要があるということであるが[27]、住民の諸権利・人権を制限してでも、最終的には軍事力・自衛隊主導の下に行政と警察を運用して復旧や復興に迅速に対処することにある。この問題は、有事法制・国民保護法の運用とも合わせて考えられている点に留意する必要がある[28]。

実はこのような主張は、阪神大震災のときにも改憲派から主張されていたが、疑問である。緊急事態対処の遅れや不備は、憲法の欠陥なのではなく、歴代政府や自治体の地震・津波対策や原発行政の方に問題があるように思われる。私権制限以前に、憲法を生かして、被災者や被曝者らの生命権、生存権、居住・移動の権利、財産権などを迅速に保障することができる政治や行政が行われることが求められているのではなかろうか。また、国家緊急権はもともと軍事力を前提にしたものであり、明治憲法にもあったが、日本国憲法では軍事力をもたないことから否定されたものであることに留意しておくことが必要である[29]。

Ⅵ　おわりに

民主党政権は、小泉政権以降の構造改革路線によって顕著になった格差社会の是正、米軍再編見直し、政治主導による民主主義の回復、改憲論への慎重姿勢といった、鳩山政権がかかげた公約的政策は、自民党政権下で形骸化されてきた立憲平和主義や立憲民主主義を一定程度復権させるかのような期待を国民にいだかせた。しかし、鳩山政権から菅政権へ、さらに野田政権に至る過程で、公約は次々と撤回され、自民党政権時の政策内容と大差のない反憲法的政治が行われてきた。それは、手続的な立憲主義の観点からみても、反立憲主義

的といえるし、衆議院の解散・総選挙によって、有権者に信任を問わなければならない事態になっていた。

　上記のように公約が変質した背景としては、民主党には、①第１に、もともと、新自由主義政策と日米安保体制の重視論、議会制民主主義よりも統治権力を優位させる民主主義論、および改憲指向が根底にあること、②第２に、多様な政治的傾向のグループがある中で保守的勢力が多数を占めていること、③第３に、財界（大企業・グローバル資本）などの社会的支配勢力に迎合した現実主義的政策をとろうとする姿勢があることが、原因として考えられる。このことが、2012年12月末の衆院選で民主党が惨敗する要因ともなったといえよう。

　それはともかく、民主党政権下の憲法政治のうち、集団的自衛権の見直し（制約された集団的自衛権）論、それに関する内閣法制局（見解）の扱い方、日米同盟強化の方針の下でのTPP推進、原発推進、武器輸出の緩和、共同軍事訓練、米軍基地の辺野古移設等の政策は、その後の安倍政権下で、より積極的に拡大する方向で継承されている。このようにみると、現在野党の民主党が安倍政権の憲法政治に対し、立憲主義（立憲平和主義、立憲民主主義）に立脚してどの程度の批判的スタンスをとりうるのか、注視していく必要があろう。

1)　鳩山由紀夫「民主党　私の政権構想」『文藝春秋』1996年11月号112頁。
2)　鳩山由紀夫『新憲法試案』（PHP研究所、2005年）70頁以下。鳩山民主党政権下の憲法政治を包括的に検討した文献として、渡辺治ほか『新自由主義か、新福祉国家か』（旬報社、2009年）参照。
3)　澤野義一『平和憲法と永世中立』（法律文化社、2012年）第七章参照。
4)　小泉親司「新安保懇報告書を斬る」『月刊憲法運動』2010年12月号20頁以下、小沢隆一「民主党政権の安保・防衛政策はどこへ向かうのか？」小沢隆一・丸山重威編『民主党政権下の日米安保』（花伝社、2011年）10頁以下など。
5)　野田佳彦「わが政権構想」『文藝春秋』2011年９月号101頁、同「わが政治哲学」『Voice』2011年10月号52頁。
6)　佐藤光雄「「トモダチ作戦」の本質と日米軍事協力」『月刊憲法運動』2011年８月号24頁以下。
7)　野田佳彦『民主の敵』（新潮社、2009年）133頁以下。
8)　粟田禎子「南スーダンへの自衛隊派遣問題をめぐって」『月刊憲法運動』2012年１月号22頁以下。

第5章　民主党政権下の憲法政治の憲法論的検討

9) 澤野義一「野田民主党政権下の憲法情勢」『科学的社会主義』2012年7月号30頁以下。
10) 野田佳彦「わが政権構想」(前掲) 97-98頁。
11) 澤野義一「原発をめぐる世界の憲法」『京都民報』2011年11月20日付。
12) 澤野義一「原発をめぐる世界の憲法」(前掲)、同『平和憲法と永世中立』(前掲) 第七章。詳しくは、本書第1章参照。
13) 澤野義一「民主党の「国会改革」論の憲法的問題点」『科学的社会主義』2010年4月号14頁以下ほか、植松健一「民主党「国会活性化」の論理」『法と民主主義』2010年2・3月号16頁以下、自由法曹団編『比例代表・国会改革』(学習の友社、2010年) 24頁以下など。
14) 小沢一郎『日本改造計画』(講談社、1993年) 69-70頁。
15) 澤野義一「国会議員定数削減論の憲法的問題点」『科学的社会主義』2010年9月号6頁以下ほか、自由法曹団編『比例代表・国会改革』(前掲) 8頁以下、右崎正博「憲法と議会制民主主義」『月刊憲法運動』2011年3月号4頁以下など。
16) 澤野義一「国会議員定数削減論の憲法的問題点」(前掲) 6頁以下ほか、自由法曹団編『比例代表・国会改革』(前掲) 36頁以下など。
17) ロバート・A. ダール (杉田敦訳)『アメリカ憲法は民主的か』(岩波書店、2003年) 68頁以下。
18) 吉田徹『二大政党制批判論』(光文社、2009年) 112頁。
19) 上脇博之『議員定数を削減していいの?』(日本機関紙出版センター、2011年) 49頁以下、右崎正博「憲法と議会制民主主義」(前掲) 13頁以下、加藤一彦「選挙制度と政党政治」『法と民主主義』2010年2・3月号4頁以下、小松浩「選挙区と政権交代」『憲法問題』22号 (2011年) 79頁以下など。
20) 澤野義一『平和主義と改憲論議』(法律文化社、2007年) 29頁以下、半田滋『ドキュメント　防衛融解』(旬報社、2010年) 202頁以下、高作正博「政権交代・改憲論・自衛権」『現代思想』2009年10月号199頁以下など。
21) 川村俊夫「衆参憲法審査会の始動にあたって」『月刊憲法運動』2012年1月号5頁以下、隅野隆徳『欠陥「国民投票法」はなぜ危ないのか』(アスキー・メディアワークス、2010年) 61頁以下。
22) 小沢一郎「今こそ国際安全保障の原則確立を」『世界』2008年11月号151-152頁。
23) 小沢一郎『日本改造計画』(前掲) 32頁。
24) 鳩山由紀夫『新憲法試案』(前掲) 138頁。
25) 論説としては、阪田雅裕「内閣法制局と憲法解釈」『憲法問題』22号 (前掲) 102頁以下参照。
26) 中村明「内閣法制局と憲法9条解釈のなし崩し的解体が狙い」『法と民主主義』2010年2・3月号22頁以下。
27) 2011年5月3日付の一般新聞の憲法特集記事のほか、同年11月17日開催の第2回憲法審査会や12月1日開催の第3回同審査会での委員発言など参照。
28) 震災後の改憲論の問題と課題についての前原誠司民主党議員と筆者に対する共同通信

社のインタビュー記事「憲法の断面―国会の憲法論議」(『高知新聞』2011年 7 月 2 日付、『信濃毎日新聞』2011年 7 月20日付（夕刊）など）。
29)　澤野義一『平和主義と改憲論議』(前掲) 213頁以下。

第**6**章

安倍政権の改憲戦略と安全保障政策の検討

I　はじめに

　2012年12月に行われた衆議院選挙の結果、与党民主党が惨敗し、単独過半数の議席を獲得して圧勝した自民党が第2次安倍政権を担うことになったが、憲法改正との関連でみると、自民党以外の改憲公約政党（日本維新の会、みんなの党、国民新党、新党大地など）も含めると、その議席総数は改憲に必要な3分の2を超え、衆議院では改憲派議員による改憲提案が可能になった。また2013年7月に行われた参議院選挙では、改憲公約政党（自民党、日本維新の会、みんなの党、新党改革）の議席は、改憲提案に必要な3分の2に届かなかったが、「加憲」論に立つ連立与党の公明党議員や、選挙で惨敗し求心力を失った民主党の改憲派議員が加わると、参議院でも改憲提案可能な状態になっている。しかし、明文改憲が直ちにできるわけではない。

　自民党は衆院選以来改憲に有利な情勢にあるとの判断から、憲法96条の改正手続き緩和のための先行改憲を策動したが、参院選で圧勝したにもかかわらず、参院選後、安倍首相は、憲法96条先行改正論が有権者に必ずしも共有されていないとして、明文改憲については「腰を落ち着けてじっくりと進める」路線に転換した（2013年7月22日記者会見）。しかし、憲法改正国民投票に備え、安倍政権は2014年6月、とりあえずはこれまで不備のあった国民投票法の改正を国会で強行した。

　改憲手法としては、世論調査では改憲問題は一般的には雇用や年金問題など

に比べると関心が高くなく、とりわけ憲法9条改正については反対意見が多い状況にあることから、憲法9条の中心的論点である「集団的自衛権行使」の是非については国会審議を避け、2014年5月に首相に提出された諮問機関の「安保法制懇」(「安全保障の法的基盤の再構築に関する懇談会」の略) 報告書を踏まえ、同年7月1日には、従来政府見解の解釈を閣議だけで変更する決定（集団的自衛権行使禁止から容認への解釈改憲）を先行させた。さらに、同年12月の衆院総選挙で2年前と同様に単独過半数を得て強気になった第3次安倍政権は、翌2015年に入ると、戦後70年の節目ということもあり、1月の年頭記者会見や2月の首相施政演説等において、積極的平和主義に基づく安保法制整備、原発再稼働、憲法改正等を推進するという提案を行った。安保法制整備については、憲法9条の実質的否定に相当するから、立法による実質的改憲（立法改憲）といわざるをえない。

具体的な安全保障政策に関しては、安倍政権は2013年12月、戦争司令塔である「国家安全保障会議」を設置する法律と、安全保障に関する特定秘密を保護するための法律を強行成立させた後、国家安全保障会議の行動指針となる「国家安全保障戦略」のほか、「防衛計画の大綱」と「中期防衛力整備計画」を閣議決定し、その基本理念として「国際協調主義に基づく積極的平和主義」をかかげた。しかし、その内実は憲法9条を形骸化する「積極的軍事（戦争）主義」であり、軍事力を強化し、集団的自衛権行使や軍事的国際貢献を推し進めるものである。これも、立法や政策（行政）運用による実質的改憲といえる。

以上のように、憲法96条先行改正や憲法9条改正といった明文改憲が世論の支持を得られていない現状の下で、安倍政権は、9条改正については解釈改憲（閣議決定等の政策運用や立法による実質的改憲）によって行うとしている。すなわち、集団的自衛権行使容認等の閣議決定とそれに基づく安保法制整備、国家安全保障会議設置法による国家安全保障戦略策定や新防衛計画の閣議決定、軍事情報等の特定秘密保護法制定、武器輸出3原則撤廃の閣議決定、他国軍支援のためのODA大綱制定閣議決定などである。しかし、これらは憲法の3大原理、とりわけ平和主義に反する違憲無効の閣議決定と立法である。

本章では、上述のような安倍政権の改憲戦略と安全保障政策について、①改

憲戦略、②「積極的平和主義」による安全保障政策、③安全保障関連法案の3つの柱を立てて、批判的に検討することにする。

II 安倍政権の改憲戦略

　安倍政権は上述のように、当面は解釈改憲・運用改憲・立法改憲といった手法で改憲の実質化を図ろうとしているが、それを検討するに先立って、前提にある国家観を提示している自民党の明文改憲の特色を概観しておくことにする。[1]

1 明文改憲——自民党「憲法改正草案」と改憲スケジュール
　安倍自民党が実行しようとしている直近の第2次「憲法改正草案」（2012年）は、第1次「新憲法草案」（2005年）に比べると保守性が濃厚であるが、その特徴をイデオロギー的に概観するとすれば、以下のように、反立憲主義、新保守主義、新自由主義、軍事的「平和主義」、新国家主義の5つの視点から分析することができるが、そのイデオロギー性は相互補完的な関係にあることにも留意する必要がある。
　第1は、反立憲主義である。それは、現行憲法の基本原理である国民主権（象徴天皇制の制限、議会優位の民主主義、地方自治尊重など）・非武装平和主義・基本的人権尊重主義を軽視ないし否定し、憲法改正権の限界を超える違憲の「改正」（保守革命）を行うとしているからである。憲法改正手続きの緩和のほか、以下の多くの改正事項も憲法改正権を逸脱している。
　第2は、新保守主義である。まずは、天皇中心国家を前面に押し出し、天皇の元首化・公的行為の拡大が図られ、国旗・国歌に対する国民の尊重要請などが規定されている。人権規定では、公共の福祉に代わる公益等の重視による人権制限が表現・結社の自由等にも適用されること、大臣が神社参拝できるように政教分離規定が緩和されたこと、外国人参政権が否認されたこと、抵抗権や普遍的人権・将来的な国民の権利を保障する人権の本質的規定が削除されたこと、家族の相互扶助規定が入ったことなどに、保守主義が現れている。なお、

「新保守主義」という表現は、次の「新自由主義」と共存する現代的保守主義の意味で使用している。

　第3は、新自由主義である。それは、経済活動の規制緩和・徹底自由化路線に正当性を与えることを意味するが、憲法前文の「活力ある経済活動を通じた国の成長」という表現や、公共の福祉による営業の自由活動規制を撤廃する規定の導入に現れている。社会権である公務員労働基本権の制限、財政の健全性原則（福祉国家的財政の否定）、地方の自己責任重視なども、新自由主義的なものである。

　第4は、軍事的「平和主義」である。それは、国民の平和的生存権の否定、自衛権（解釈上では集団的自衛権も含む）・国防軍・軍法裁判所・海外派兵の容認、領土保全等への国民協力、国家緊急権容認による人権制限、苦役禁止規定の緩和（安全保障などの政治的理由による徴用などは苦役禁止に当たらないとして容認される余地がある）、大臣の文民規定削除などに現れている。

　第5は、新国家主義である。それは、議会制民主主義の軽視、首相の権力強化、政党条項の導入、地方自治に対する国の協力要請などに現れている。憲法尊重擁護義務者をまずは国民とした後に、天皇を除く大臣などの公務員としていることもそうであるが、主権者が権力担当者を監視し守らせるという国民主権原理を否定することになる。

　以上のような自民党憲法改正草案のイデオロギー性を確認したうえで批判していくためには、日本国憲法の基本的国家観を絶えず再確認しておく必要がある。それは、人権思想の観点でいえば、社会権を重視し、精神的自由権を尊重する社会民主主義的な自由主義である。平和主義の観点でいえば、非軍事による国民の平和的生存権と福祉的生存権の一体的保障によって軍事費を福祉予算に使用する福祉国家や、集団的自衛権行使に基づく軍事同盟や海外派兵を認めない永世中立国家である。統治制度の観点では、国民主権原理に基づく国会重視の議会制民主主義・議院内閣制・小選挙区でない比例代表的選挙制度のほか、憲法理念を自主的に決定できる地方自治の尊重などが基本におかれているといえる。

　なお、明文改憲のスケジュールとして自民党の中から出ている最近の案は、

2016年夏参院選後に国会で改憲を発議し、国民投票を行う。そのさい、9条改正は2回目以降の改憲発議とし、1回目は環境保護、緊急事態、財政健全化の3条項の新設を優先させるという考えである。しかし、環境保護については、自民党改憲案では国の努力義務であり、国民の権利規定としては定められていないという問題のほか、原発推進政策との矛盾もある。連立与党の公明党が最近、環境権の「加憲」が開発や経済成長に支障を与えるとして、環境権の新設に慎重になっているとの指摘もある。緊急事態条項については災害時における私権制限の必要性などを口実にしているが、実は9条改正に匹敵する改憲であることに留意する必要がある。緊急事態権は戦争や大災害時において最終的には軍事力主導により行政や警察を運用する国家非常事態権であり、戦前の日本やナチスドイツなどの歴史から明らかなように、市民の人権（生命・自由・生存）の保護よりは制限・不利益をもたらす。日本政府は災害対策基本法や子ども被災者支援新法などを活用せず、多額の復興財源を被災地と無関係に流用し、国土強靭化の名目で公共投資（財界や電力産業支援）に使用している実態がある。緊急事態条項は不要である。財政健全化は欧州などでも課題となっているが、急激な財政悪化や膨大な赤字を前提に歳入と歳出の財政均衡（回復）を新自由主義的に図ることを意図し、福祉的財源の削減を正当化することになり問題がある。

2 解釈改憲（その1）——閣議決定による集団的自衛権行使容認の違憲性

　上述したように、安倍内閣は2014年7月1日、集団的自衛権行使を認めない（違憲）とする従来の政府（内閣法制局）見解を根本的に変更し、集団的自衛権行使を容認（合憲化）する閣議決定を強行したが、それに先立って、閣議決定の基礎となる「安保法制懇」報告書が首相に提出されている。そこで、この報告書の要点についても言及しておくことにする（詳しくは本書第4章Ⅳ参照）。
　「安保法制懇」報告書の要点は、第1に、従来政府の憲法解釈に変遷があることを指摘する中で、集団的自衛権行使が禁止されていない論拠として砂川事件最高裁判決（1959年）に注目したこと、集団的自衛権と個別的自衛権を分ける根拠がないこと、平和的生存権や幸福追求権を自衛力正当化の論拠にあげた

こと、憲法の平和主義を「積極的平和主義」と認識すること、などである。第2に、集団的自衛権行使（自衛隊による米艦防衛、米国へ向かう弾道ミサイル迎撃、シーレーンでの機雷除去）だけでなく、国連の集団的安全保障（PKO活動における他国部隊への駆けつけ警護など）やグレーゾーン防衛（離島防衛など、武力攻撃に至らない侵害の排除）に関する具体的行動事例をあげていることである。第3に、具体的行動事例に対処できる憲法9条解釈として、侵略以外の武力行使はすべて可能であることや、集団的自衛権行使の要件を提示していることである。なお、集団的自衛権行使の要件とは、①日本と密接な関係にある国に対する武力攻撃が発生していること、②それが日本の安全に重大な影響を及ぼすこと、③攻撃を受けた国から明白な救援の要請があること、④第3国の領域を通過するさいはその国の許可を得ること、⑤総理大臣が集団的自衛権行使の必要性を総合的に判断すること、⑥国会の承認を受けること、である。第4に、上記事例に対処できる法整備の必要性を提言していることである。第5に、集団的自衛権行使は憲法解釈の整理だけで可能であり、憲法改正は不要なことを指摘していることである。

　次に、集団的自衛権行使容認を中心とする閣議決定（正式名称は「国の存立を全うし、国民を守るための切れ目のない安全保障法制の整備」）についてであるが、その基調は「安保法制懇」報告書と同様であるが、第1に、武力攻撃に至らない侵害への対処が指摘されている。第2に、国際社会の平和と安定への一層の貢献として、海外派兵禁止について従来政府が唱えてきた「武力行使一体化」論や「非戦闘地域」論などは否定されるべきこと、PKOなど集団的安全保障における武器使用の拡大を認めるべきことが提言されている。第3に、憲9条の下で許容される自衛措置として、実質的に集団的自衛権を含む自衛権行使の要件（3要件）が定義的に示されている。ただし、この閣議決定では、「安保法制懇」報告書とは異なり、国民から警戒感を抱かれる「集団的自衛権」概念を使用することは基本的に回避されている。また、実質的な集団的自衛権行使容認の論拠としては、識者から批判された「安保法制懇」の言及した砂川事件最高裁判決ではなく、集団的自衛権と憲法との関係について述べた1972年の政府見解（以下の3参照）が論拠にされているのが特色である。第4に、今後の国

内法整備の必要性が提案されている。

　さて、このような内容の閣議決定の性格をどう評価すべきかといえば、それは違憲・無効の決定であるといわざるをえないであろう。というのは、本来は憲法改正を要する重大事項を、憲法改正手続きを踏まずに内閣の解釈だけで変更することは「解釈改憲」であり、国民主権や立憲主義（憲法による政治という原則）に反するからである。その論拠を敷衍すれば、次のようにいえよう。

　そもそも、内閣の権限を規定する憲法73条や改憲手続きを規定する憲法96条によれば、改憲に関連する決定や提案は、法律案の場合と異なり、主権者を代表する国会だけができ、内閣はできないと解される。また、憲法に反する閣議決定はもちろんできないが、憲法9条の理念を体現した憲法的な原則（憲法慣習）として扱われてきたような政府見解で、国会でも確認されてきたもの（集団的自衛権行使禁止原則や武器輸出3原則）に関しては、1内閣の閣議決定だけで拙速に変更することもできないと解される。

　そうだとすれば、大臣等の公務員の憲法尊重擁護義務を定める憲法99条と、憲法に反する国の行為は無効であると定める憲法98条に照らせば、安倍内閣の集団的自衛権行使を容認する閣議決定は立憲主義に反し、違憲・無効である。もっとも、閣議決定の違憲性を裁判で争うことは訴訟論的には困難な面もあるが、市民的な運動としては閣議決定の撤回を求めていくことは意義がある。

3　解釈改憲（その2）――閣議決定における集団的自衛権行使要件の問題

　閣議決定では、「集団的自衛権」概念を使用することが回避されていることは上述したが、以下の自衛権行使の定義的な新3要件の中に、実質的に集団的自衛権行使が容認されている（集団的自衛権についてはカッコの部分に反映）。すなわち自衛権は、①我が国に対する武力攻撃が発生した場合のみならず、「我が国と密接な関係にある他国に対する武力攻撃が発生し、これにより我が国の存立が脅かされ、国民の生命、自由及び幸福追求の権利が根底から覆される明白な危険がある場合」、②これを排除し、我が国の存立を全うし、国民を守るために他に適当な手段がないとき、③必要最小限度の実力行使ができる、というものである。

しかし、この3要件の提示にかかわって、いくつかの疑問がある。その1つは、安倍首相が閣議決定のさいに行った記者会見で、「自衛権行使の新3要件は従来と基本的考え方は同じ」、「憲法解釈の基本的考え方は変わらない」、「憲法の規範性を何ら変更するものでない」と説明したが、それは国民を欺くものである。というのは、従来の定着した政府見解（1981年5月29日政府答弁書）は、次のように、集団的自衛権行使を明らかに認められないと述べているからである。すなわち、「国際法上、国家は、集団的自衛権、すなわち、自国と密接な関係にある外国に対する武力攻撃を、自国が直接攻撃されていないにもかかわらず、実力をもって阻止する権利を有している」が、「わが国が、国際法上、このような集団的自衛権を有していることは、主権国家である以上、とうぜんであるが、憲法第9条の下において許容されている自衛権の行使は、わが国を防衛するため必要最小限度の範囲にとどまるべきものであると解しており、集団的自衛権を行使することは、その範囲を超えるものであって、憲法上許されない」と。

　第2に、閣議決定の自衛権行使の要件においては、1972年の政府見解を論拠に、個別的自衛権のみならず集団的自衛権についても自衛権（自衛措置）に含め、自衛権行使が国民の平和的生存や幸福追求権などの保障を目的にしているかのように解釈されている点である。しかし、当該政府見解は、結論的には集団的自衛権行使容認を否定しているから、自衛権（自衛措置）に集団的自衛権を含めたり、集団的自衛権行使が国民の幸福追求権などを守るためのものであるかのように解釈することには無理がある[4]。むしろ、次の第3で述べるように、集団的自衛権行使は国民の幸福追求権などを制限したり、危うくしたりする恐れがある。ここには、本来異質の個別的自衛権と集団的自衛権を同列に扱ったことによる新3要件の不明確さと難点が現れているともいえよう。なお、念のため、1972年の政府見解を下記に引用しておくことにする。

【集団的自衛権と憲法に関する1972年10月14日の政府見解（参院決算委員会提出）】
　「憲法前文において「全世界の国民が……平和のうちに生存する権利を有する」ことを確認し、また憲法13条において「生命、自由及び幸福追求に対する国民の権利については、……国政の上で、最大の尊重を必要とする」旨を定めていることからも、わが国がみずからの存立を全うし国民が平和のうちに生存することまでも放棄してい

ないことは明らかであって、自国の平和と安全を維持しその存立を全うするために必要な自衛措置をとることを禁じているとはとうてい解されない。しかしながら、だからといって、平和主義をその基本原則とする憲法が、右にいう自衛のための措置を無制限に認めているとは解されないのであって、それは、あくまで外国の武力攻撃によって国民の生命、自由及び幸福追求の権利が根底からくつがえされるという急迫、不正の事態に対処し、国民のこれらの権利を守るための止むを得ない措置としてはじめて容認されるものであるから、その措置は、右の事態を排除するためとられるべき必要最小限度の範囲にとどまるべきものである。そうだとすれば、わが憲法の下で武力行使を行うことが許されるのは、わが国に対する急迫、不正の侵害に対処する場合に限られるのであって、したがって、他国に加えられた武力攻撃を阻止することを内容とするいわゆる集団的自衛権の行使は、憲法上許されないといわざるを得ない。」

第3に、安倍首相は閣議決定のさいに、「自衛措置は抑止力であり、閣議決定で日本が戦争に巻き込まれる恐れは一層なくなる」と説明しているが、これも国民を欺くものである。

真実は首相の説明とは逆のものとみるべきであろう。というのは、集団的自衛権行使に備え、抑止力として海外展開用の軍事力を増強することは、近隣諸国の軍備増強の要因になり、むしろ軍事的緊張から戦争を誘発する。また集団的自衛権を実際行使すれば、その反動として日本が戦争に巻き込まれる危険性も高まる。それに対処するために作られているのが、外国からの武力攻撃を想定し、国民の戦争協力を求めることができる有事法制である。[5] 憲法学説では、閣議決定や首相などの説明とは逆に、国民の平和的生存権や幸福追求権が保障されるためには、非軍事的平和政策こそが望ましいという有力な見解も唱えられてきている。[6] 首相らの説明は、自民党改憲草案が自衛権規定（解釈としては集団的自衛権を含む）を導入したことに伴い、国民の平和的生存権（現行憲法前文）を否定し、幸福追求権の公益等による制限を可能としていること（改憲草案13条）とも整合しない。国民の幸福追求権などへの言及は、集団的自衛権行使容認を国民に了解してもらうための便法にすぎないといえよう。

第4に、安倍首相は閣議決定のさいに、「海外派兵は一般的に許されないという従来の原則は変わらない」、「イラク戦争のような戦闘には参加しない」などと説明しているが、それも疑問である。対等な立場で日米同盟を深化させ地

球規模に展開することが集団的自衛権行使容認の最大の目的であるから、アメリカの要請による自衛隊海外派兵は従来のような後方支援に限定せずに、米軍と軍事的に一体となる活動も想定されているはずである。したがって、集団的自衛権行使について、3要件によって限定がなされたとの説明がなされているが、実際に歯止めがかかる保証はない。例えば、「必要最小限度の実力行使」といっても、その程度はアメリカなどの「他国に対する武力攻撃の発生」や戦闘の規模に応じ相対的に決定されることになるから、相当大規模になることもありうるし、相手国からは過剰な武力行使にみえるかもしれない。個別的自衛権に関する先例では、核戦争時代には「自衛のため必要最小限」であれば核兵器も保有できるという政府解釈もあるくらいである。

なお、集団的自衛権行使要件を満たす場合に想定される自衛権行使の具体的事例は、閣議決定ではほとんど言及されていないが、「安保法制懇」や「安全保障法制整備に関する与党協議会」（2014年5月27日）には示されている。後者では、有事のさいに日本人を輸送する米艦の防衛、防衛が不十分な米輸送艦の防衛、米国へ向かう弾道ミサイルの迎撃、シーレーンにおける掃海活動への参加など8事例が示されている。しかし、それらは現実性がないか、集団的自衛権行使をする必要性がないものである[7]。

集団的自衛権の本質は、自国と密接な利害関係にある国を攻撃した他国に対して、自国が攻撃されていないにもかかわらず援助（他国防衛）するために先制攻撃することであるから、自国防衛的な本来の個別的自衛権とは異なり、そもそも自衛権行使要件が厳守されることは期待できない。実際、国際社会では海外戦争を正当化する口実として使用されてきた集団的自衛権は、その行使要件（同盟国が本当に他国から侵略されて個別的自衛権を行使し、当該被侵略国が援助を要請しているのかどうかなど）を満たしているかどうか不明のまま濫用されてきている実態を知っておくべきである[8]。

4　立法改憲——集団的自衛権行使のための法整備

改憲をじっくり進めていくという安倍首相の発言がある一方で、自民党にとっては、「自民党改憲草案」には現行憲法の基本原理を否定する危険な内容

第6章　安倍政権の改憲戦略と安全保障政策の検討

が含まれていることが国民に十分知られないうちに、あるいは知られにくい手法で成立させたいというのが本音であろう。それは、改憲の手口をナチスから学べという麻生副総理の発言、すなわち「憲法は、ある日気づいたら、ワイマール憲法が変わって、ナチス憲法に変わっていたんですよ。だれも気づかないで変わった。あの手口学んだらどうかね。」という発言（2013年7月29日講演会）になって現れたといえる。この発言の中の「だれも気づかないで」「ナチス憲法に変わった」というのは間違いであり、ナチス政権のあからさまな暴力的統治の下で、ワイマール憲法は存続したが、1933年の授権法（憲法に違反する法律制定権を政府に付与）によって憲法の効力が事実上喪失したというのが正しい。この点は留意したうえで、安倍政権でその手口に類似するのは、集団的自衛権行使を可能にする「安全保障関連法」や「国家安全保障基本法」による「立法改憲」である。

　当初は「国家安全保障基本法」案の国会上程が先に提案されるような話もあったが、後で検討する「安全保障関連法」案の上程が先行することになった。「国家安全保障基本法」案の場合は、「安全保障関連法」案と同様、集団的自衛権行使を容認する規定を導入していること以外に、国の安全保障政策に協力すべき国民の責務規定のほか、安全保障に関する機密保護法や恒久派兵法等の制定課題の提示も明記しているが、特定秘密保護法については現在制定されている（Ⅲ節参照）。恒久派兵法については、後述（Ⅳ節）のように「安全保障関連法」案のうちの新法として提案されている。

　それはともかく、ここで問題なのは、仮に、「安全保障関連法」や「国家安全保障基本法」といった法案が憲法9条の明文改憲に先立って成立し運用されることになれば、現行憲法9条が存在する状態で、憲法9条が事実上無効化されるということである。これは、ナチス政府の授権法によるワイマール憲法の無効化に類似する。

　また仮に、当該法案が制定された後に、自民党改憲草案のような内容の明文改憲が実現すれば、当該法律は憲法的にも正当性を与えられることになろう。しかし、それと同時に、自民党改憲草案の国家緊急事態権が容認され、緊急事態宣言が発せられた場合には、内閣が法律と同一の効力を有する政令を制定す

139

ることができるから（改憲草案98・99条）、国会の法律によらないで、国民に対し政令で服務義務を課し、国民の人権を規制することができるようになる。ここでも、ナチスの授権法と類似の法運用がありえないことはない。自民党改憲草案では、人権は最大限尊重されるとしているが、緊急事態においては国民が服務義務に抵抗することは「公益及び公の秩序」に反するとされ、許されるかどうかの保障はない。上述したように、苦役禁止規定の緩和により国民の徴用や「経済的徴兵制」（入隊すれば大学の奨学金がもらえるとか免除されるとかいって、低所得層から隊員を募る仕組み）もありえよう[12]。

なお、「安全保障関連法」案等の国会提出については、議員立法による方法もありえたが、内閣法案であれば、これまで内閣法制局が集団的自衛権行使を違憲としていたので、従来の内閣法制局見解を変更しないことには、内閣法案として国会に提出するのは困難なことが予想された。そこで、安倍政権は、内閣法案で当該法案を国会に提出することも可能になるように、法制局長官として、従来の政府解釈を堅持する山本庸幸氏を退任させ、従来政府解釈の見直しに前向きな外務省出身・駐仏大使の小松一郎氏を起用した。集団的自衛権解釈の見直しを提言した第1次安倍内閣の「安保法制懇」で事務方としてかかわった小松氏のような人物の起用は、内閣から一定の距離を保った独立的な行政機関として活動することが期待されてきた内閣法制局を、権力追随機関にすることを意図したものといわざるをえない。ちなみに、2013年8月20日最高裁判事に就任した山本氏は、同日の記者会見で、従来の法制局見解を踏まえ、集団的自衛権について、「半世紀にわたり議論されてきた従来の解釈を変えるのは難しい。集団的自衛権の行使を可能にする方が適切だ」と述べ、安倍内閣の解釈改憲の手法に疑問を呈している[13]。

III　安倍政権の「積極的平和主義」による安全保障政策

上述したように、安倍内閣は2013年12月、国家安全保障会議設置法と特定秘密保護法を成立させた後、国家安全保障会議の行動指針となる「国家安全保障戦略」のほか「防衛計画の大綱」と「中期防衛力整備計画」を閣議決定した

が、その基本理念には「国際協調主義に基づく積極的平和主義」がおかれている。ここでは、その基本的理念に基づく国家安全保障戦略のほか、具体的な関連事項として、制定された特定秘密保護法と、武器輸出3原則の撤廃について検討しておくことにする。

1 「積極的平和主義」による国家安全保障戦略

安倍首相は2012年頃から「積極的平和主義」を国内外でアピールしてきたが、2013年元旦の年頭所感でも、内向きな発想では日本の平和を守ることができないとし、「積極的平和主義」を「日本が背負うべき21世紀の看板」であると強調している。

ところで、「積極的平和主義」の内実は「国家安全保障戦略」の中で詳しく説明されているが、その基本目標とされているのは、①日本の抑止力強化、②日米同盟やパートナー諸国との協力の強化によるアジア太平洋地域の安全保障環境の改善、③普遍的価値・ルールに基づくグローバル安全保障環境の改善である。①では、日本に対する武力攻撃事態等から大規模自然災害に至るあらゆる事態に対応する総合的安全保障体制構築のため、核抑止力、領域保全、海洋安保、安全保障情報機能の強化、防衛装備や技術の海外共同開発・移転（武器輸出3原則の見直し）、宇宙の安全保障的活用などが提言されている。

②では、日米同盟の抑止力向上（日米防衛協力の指針の見直し）のため、弾道ミサイル防衛、海洋・宇宙・サイバー空間、大規模災害対応等における協力強化、日米合意による在日米軍再編の着実な実施のほか、アジア太平洋地域の安全保障環境の改善に関しては、北朝鮮や中国との軍事的緊張を念頭に、日米韓、日米豪、日米印、ASEAN諸国等といった重層的な枠組みを活用して安全保障協力を強化してくことが提言されている。

③では、常任理事国入りも念頭にした国連外交への積極的寄与、国際社会のルール（法の支配）作り、軍縮・核不拡散の主導、PKOやODAによる国際平和協力などが提言されている。

「国家安全保障戦略」は、以上のような安保政策を理解促進させるために、防衛生産・技術基盤の維持・強化、国民が「国と郷土を愛する心」を養い、自

衛隊や在日米軍の活動を理解し協力する諸施策を推進すること、高等教育機関における安全保障教育の拡充や実践的研究の実施なども提言している。

なお、以下において2点付言しておきたい。1つは、上記②は特に集団的自衛権にかかわるテーマが取り上げられているが、「国家安全保障戦略」では、集団的自衛権の用語を使用しないで説明されていることである。それは、集団的自衛権行使容認を実質的に容認した安倍内閣の閣議決定と類似している。

もう1つは、「積極的平和主義」という表現に関する問題である。日本国憲法の「平和主義」が非戦・非武装・非暴力の理念をもっているとすれば、「積極的平和主義」は英語では Positive Pacifism であろう。平和学研究者のヨハン・ガルトゥングが使用している「積極的平和」（Positive Peace）が、それに近い考え方である。戦争の起きる原因（差別や貧困などの社会的な構造的暴力）を、基本的には軍事力を用いずに除去していく政策や行動をとることを意味する。[14)]しかし、安倍首相や外務省は、「積極的平和主義」を対外的に表現する場合は、Positive Pacifism や Positive Peace の表現を避け、Proactive Contributor to Peace と表現している。これだと「平和に積極的貢献する国」を目指すという普通の国の姿勢と大差がない。proactive は安全保障分野では先制的に軍事的対処措置をとっていく意味も含まれているので、Proactive Peace という「積極的平和主義」は、対外的には「軍事的な平和貢献」を趣旨とするものと受け止められるであろう。したがって、安倍流「積極的平和主義」は日本政府と外交・安保政策で協調しようとする外国からは歓迎されるとしても、憲法9条の本来の「平和主義」とは相反するものといわざるをえない。[15)]

「積極的平和主義」の提唱は、実は目新しいものではない。例えば1990年代初頭に改憲派の小沢一郎議員は、非軍事的平和主義や非武装中立を「一国平和主義」とか「消極的平和主義」と批判し、「国連中心主義」「国際協調主義」による海外派兵や集団的自衛権行使ができることが「積極的平和主義」であると主張していた。さらにさかのぼれば、1950年頃の講和条約締結にかかわって論議された、国連加盟と永世中立に関する論議において、国際法学者の横田喜三郎は、国連の制裁に参加しない永世中立のような「消極的な平和主義」でなく、「積極的な平和主義で行くべきある」と述べている。この見解は、結局は、

第6章　安倍政権の改憲戦略と安全保障政策の検討

日米安保条約を正当化することになる。

　他方、それに批判的な当時の法学者の平野義太郎のように、軍隊を保持せず、いかなる戦争にも巻き込まれない永世中立こそが「積極的な平和愛好的人民的国際主義」であるとする見解も唱えられていた。それと近似する現代の積極的平和主義の実例としては、1983年以来の中米コスタリカの非武装永世中立（宣言）がある。それは積極的非武装中立ともいわれるが、公式名称としては、「永世的、積極的（active）、非武装的中立」である。

　このように「積極的平和主義」が相反する形で用いられていることを考慮すると、当該用語の使用にこだわるのは誤解をまねくことになる。それはともかく、「積極的平和主義」という表現で「平和主義」を平然と僭称して、憲法9条の理念を形骸化することに邁進する安倍政権の外交・安保政策には問題があるといえよう。

2　安保・軍事情報の統制——特定秘密保護法を中心に

　「特定秘密保護法」は、国の安全保障（国と国民の安全確保）のため、防衛・外交・特定有害活動（スパイ行為等）防止・テロ防止に関する情報のうち、特定秘密に指定された情報を取り扱う者（公務員や民間業者）、不正アクセス等で取得した者、情報漏えいを教唆した者などを処罰する。特定秘密の指定については、各行政機関の長が行い、有効期間は5年だが延長は可能である。特定秘密は当該法律と同様の秘密保護を講じている外国政府や、国内の議会の秘密会などには提供できる。特定秘密取扱者については適正評価を行う。同法の適用にさいしては、国民の知る権利や報道・取材の自由に配慮する。

　このような事項を規定する特定秘密保護法には、情報公開に関する国際基準や日本国憲法の基本原理に反する危険な内容が含まれている。

　まず、情報公開に関する国際基準については、2013年6月南アフリカの首都ツワネで公表された「国家安全保障と情報への権利に関する国際原則」（ツワネ原則）があることに留意する必要がある。これは、70カ国に及ぶ人権や安全保障等の専門家・国連関係者らが2年間議論してまとめた立法のさいのガイドラインであり、次のような基準が示されている。すなわち、防衛計画や兵器開

発など限定した情報は非公開にできるとはいえ、国民の知る権利を制限するには政府に説明責任があること、人権や人道に反する情報は非公開にできないこと、公益のための内部告発者は報復を受けないこと、情報漏えいへの罰則は公益を損ない重大な危険性が生じた場合に限られること、秘密情報を入手・公表した市民を罰しないこと、独立した監視機関を設置すること、情報を無期限に秘密にしないことなどである。

このツワネ原則によれば、日本の特定秘密保護法は、秘密保護の対象・範囲が広範であること、特定秘密取扱者だけでなく市民も罰せられることに対する歯止めがないこと、国民の知る権利が原則でなく「配慮」される程度で、政府の説明責任が果たされるかどうか、独立した監視機関が機能するかどうかも明らかでないことなどの問題がある。

以上のことは、日本国憲法でいえば、基本的人権、国民主権、平和主義の基本原理を侵害する。①第1に、人権との関係では、国民の知る権利に応える取材・報道の自由を保障する表現の自由（21条）のほか、政府情報を取得・収集して批判的な学問研究を行う自由（23条）が制限されること、また特定秘密取扱者の適正評価にさいしては、家族関係・犯罪歴・病歴・経済状況などが調査されプライバシーが侵害されること、処罰理由が不明確なまま罰せられるため適正手続保障（31条）に反することなどの問題がある。②第2に、国民主権との関係では、適切な情報に基づいてのみ民主的な政治参加が可能となる民主主義の基盤が失われる。国会においては議院の国政調査権（62条）が制限され、議員も秘密漏えい等で罰せられることになる。③第3に、平和主義との関係では、とりわけ憲法9条を前提とする限りは、防衛情報は本来秘密として保有できず、安全保障情報の秘匿も厳格に限定されるべきだという観点からみると、特定秘密保護法は平和主義の原理に反する。防衛・安全保障情報の秘匿によって、市民の平和的生存権がむしろ侵害される恐れがある。

ひるがえってみると、特定秘密保護法制定の必要性は、日米同盟強化・軍事一体化の一環として2007年7月、第1次安倍政権時に締結された「秘密軍事情報保護のための秘密保持の措置に関する日本国政府とアメリカ合衆国との間の協定」（GSOMIA）の具体化が、国家安全保障会議（日本版 NSC）の設置ととも

に、中国の海洋国家化に対するアメリカの西太平洋における抑止戦略（エアシー・バトル構想）や、武器の共同開発・生産基盤の確立を目指す財界の要求などに基づいて急浮上したものである。

特定秘密保護法は施行されてしまっているが、このような憲法の基本原理を侵害する危険な違憲立法は廃止されるべきである。今後、安全保障関連法が成立することになれば、その運用との関連で、特定秘密保護法の危険性が現実のものになる恐れがある。

3　武器輸出3原則の撤廃

安倍内閣は2014年4月1日、武器輸出禁止に関する従来の「武器輸出3原則」を撤廃し、武器輸出を解禁・拡大する「防衛装備移転3原則」を閣議決定したが、それは平和憲法に違反するものである。

これまで武器輸出に関しては、①共産圏、②国連決議で武器輸出が禁止された国、③紛争当事国への武器輸出を禁止した佐藤内閣時の武器輸出3原則と、さらに、3原則対象地域以外への武器輸出や、国際紛争の助長を回避するために武器輸出を慎むという制約を加えた三木内閣時の政府統一見解、さらに、それらの2つ（合わせた広義の武器輸出3原則）が、平和憲法の精神に沿うものとされてきた。

そもそも武器輸出は、世界の人びとを武力紛争に巻き込み、恐怖と欠乏を与えることで諸国民の平和的生存権（憲法前文）を侵害し、非戦・非武装によって国際紛争を平和的に解決することを要請している憲法9条にも反するから、平和憲法の下では一切認められない。武器輸出3原則は、このような厳格な憲法解釈に基づくものではないが、非核3原則や集団的自衛権不行使原則などの政府見解と同様、国会でも確認され、平和憲法の精神に沿った政策的原則（憲法慣習）として定着してきているので、国会審議も経ずに閣議決定だけで、武器輸出3原則を撤廃したことは許されない。

現実的には、中曽根内閣以降、日米間の武器技術供与など、武器輸出3原則の例外措置が徐々にとられ、野田民主党政権でも、日本の安全保障に資する国際共同開発・生産や平和構築目的での第3国への装備品供与が包括的に認めら

れるようになっていた。安倍政権下では、2013年3月1日の菅官房長官談話において、最新鋭ステルスF35戦闘機を共同開発中の米国等9カ国に日本が参加するに当たり、国内企業が製造した部品を米国政府の一元的管理の下で第3国（F35ユーザー国）に輸出することを、武器輸出3原則の例外として認める方針を決定している。

これまでの21の例外措置を整理して決定された「防衛装備移転3原則」は、2013年12月に閣議決定された「積極的平和主義」を基本理念とする「国家安全保障戦略」に基づくものであるが、その本質は、「死の商人」である軍需産業の活性化と利害関係国間での集団的自衛権行使体制（「戦争ができる国」「参戦国家」）づくりにあり、防衛装備移転が実際に規制できるかも疑わしい。すなわち、①第1に、防衛装備移転が禁止される紛争当事国が国連で禁輸された国に限定されたことで、それ以外の国のイスラエルなどへの輸出は事実上容認される。そうなると、上述のステルスF35戦闘機などがアメリカを通じてイスラエルに輸出ないし供与され、中東地域の紛争要因を高めることになる。②第2に、防衛装備移転が認められるのは、平和貢献・国際協力の積極的推進や、同盟国等との共同開発・生産・安全保障等の観点から日本の安全保障に資する場合であるが、国家安全保障会議で審議されても国会でチェックできない。③第3に、防衛装備移転が認められる場合の適正管理として、目的外使用と第3国移転については日本の事前同意を相手国政府に義務づけるが、平和貢献に適切な場合、部品等を融通し合う国際システムに参加する場合、部品等をライセンス元に輸出する場合等は例外とされ、事前同意が不要となる。

上記「防衛装備移転3原則」の閣議決定がなされて間もなくの同年7月17日、安倍政権は、イギリスとは戦闘機用ミサイル（F35搭載の空対空中距離ミサイル）を共同開発することについて、アメリカには迎撃ミサイル（パトリオット［PAC］2）用部品を輸出することについて、国家安全保障会議で許可した。当該PAC2用部品が組み込まれた完成PAC2がアメリカから中東カタールに輸出されることも了承されたが、アメリカの同盟国であるカタールが中東において武器規制で平和貢献している国と認定してよいか疑問である。

また、同年7月8日には、オーストラリアとは、日豪首相間で、防衛装備

品・技術移転協定に署名がなされ、潜水艦関連技術の共同研究を推進することのほか、自衛隊とオーストラリア軍が共同訓練を行う方針も合意された。安倍首相は首脳会談で、日本政府の「積極的平和主義」や「集団的自衛権行使容認」の方針について説明し、オーストラリア首相から歓迎されたと報じられている。しかし、両国の合意は、アジアにおいて勢力を拡大する中国に対する抑止力（包囲網）の観点からなされているといえよう。それは、日豪共同声明において、アジアにおけるアメリカのリバランス（再均衡）政策を強く支持する方針が述べられていることからも窺われる。なお、防衛装備品の共同開発を進めるためには軍事機密など秘密情報のやり取りを管理し合う必要があるため、すでに秘密保護情報協定がアメリカ、イギリス、オーストラリアなどの国との間で締結されている。[19] この点では、上述の特定秘密保護法との関連性にも留意する必要がある。

Ⅳ　安倍政権の安全保障関連法案

1　法案の性格

　安倍政権は、2014年7月1日に集団的自衛権行使容認等を内容とする安保法制整備の方針を閣議決定して以降、日米ガイドライン（防衛協力の指針）改定作業（2015年4月27日決定）とも調整しつつ、10の既存法律の改正一括法である「平和安全法制整備法案」と、新法である「国際平和支援法案」（恒久派兵法案）を合わせた11の安全保障関連法案を2015年5月14日閣議決定し、翌日国会に提出した。なお、「平和安全法制整備法案」とは、①自衛隊法改正案、②PKO協力法改正案、③周辺事態法改正案、④船舶検査活動法改正案、⑤武力攻撃事態法改正案、⑥米軍行動円滑化法改正案、⑦特定公共施設利用法改正案、⑧海上輸送規制法改正案、⑨捕虜取り扱い法改正案、⑩国家安全保障会議設置法改正案（第1〜10条）のことである。

　当該法案は現在国会で審議中であるが、問題があまりにも多い。それは端的にいえば、従来政府のいう「専守防衛国家」の建前から根本的に遊離し、日本および国際の平和・安全に資するという名目での米軍（日米同盟強化を背景）や

他の外国軍への軍事的後方支援（兵站活動）のための海外派兵・参戦を可能とする「海外派兵型戦争国家」に踏み切る危険な戦争法案である。しかも、「グレーゾーン事態」といった、平時から海外派兵・参戦に備える法整備もしている。このようにして、平時から戦時（有事）に至るあらゆる事態に「切れ目なく」対処できることを意図した同法案は、国際紛争を戦争・武力行使・武力威嚇で解決しないために一切の戦力を保持せず、交戦当事国のいずれかに軍事的に加担する交戦権行使を放棄した憲法9条（私見では非武装永世中立憲法）に違反する違憲立法である。

以下においては、上記の安全保障関連法案について、事態の対応からみた検討を行う。

2　日本の平和と安全に関連して

(1) 平時における自衛隊海外派兵

自衛隊法改正により、米軍や他国軍への物品・役務の提供や他国軍との共同訓練・海賊対処等のほか、武器使用を伴う邦人救出のための派兵が可能になる。米軍等への物品・役務提供や他国軍との共同訓練等は、次のグレーゾーン事態への進展を想定している。

(2) グレーゾーン事態

自衛隊法改正により、平時でも有事でもないが、武装集団による離島の占領や外国軍艦の領海侵入など、海上保安庁や警察による対処が困難な事態において、自衛隊出動が可能になる。また、日本防衛に資する活動（共同演習や警戒活動）中の米軍や他国軍が攻撃された場合、その武器や艦船を自衛隊が防護することが可能になるが、自衛隊が戦闘状態に巻き込まれる恐れがあり、問題である。

(3) 重要影響事態

朝鮮半島有事のような放置すると日本に武力攻撃が及ぶような事態が生じた場合に米軍への後方支援ができる周辺事態法を改正し（「重要影響事態法」）、日本周辺の地理的制約をなくし、米軍以外の他国軍への後方支援として補給や弾薬提供をも可能とすることで、自衛隊と米軍等の一体的軍事活動がグローバル

第6章　安倍政権の改憲戦略と安全保障政策の検討

に展開できるようになる。この関連で、船舶検査については船舶検査活動法を改正し、日本周辺以外のシーレーンにおいても可能となる。船舶検査は後述の「国際平和共同対処事態」にも適用される。同検査は強制力をもつ臨検とされていないが、「武力による威嚇」であり憲法9条に抵触する。

(4)　存立危機事態

「我が国と密接な関係にある他国に対する武力攻撃が発生し、これにより我が国の存立が脅かされ、国民の生命、自由及び幸福追求の権利が根底から覆される明白な危険がある」存立危機事態において、「これを排除し、我が国の存立を全うし、国民を守るために他に適当な手段がないとき、必要最小限度の実力行使ができる」集団的自衛権の行使（新3要件）を可能とするため、主に自国防衛のための個別的自衛権行使を想定した武力攻撃事態法は、存立危機事態への対処も可能にする「武力攻撃事態等及び存立危機事態に関する法律」に改正される。

同法改正に関連して、米軍行動円滑化法、特定公共施設利用法、海上輸送規制法、捕虜取り扱い法といった武力攻撃事態（有事関連）法や、国家安全保障会議設置法も改正される。

それは要するに、存立危機事態においても、米軍等の外国軍隊のために行動が円滑にできるようにすること、港湾等の特定公共施設を利用させること、海上自衛隊による停船検査等を可能にすることのほか、国際人道法に基づく捕虜等の扱いを行うことを規定したものである。国家安全保障会議設置法改正案では、会議で審議する事項として、従来になかった存立危機事態、重要影響事態、国際平和共同対処事態等が追加されている。

なお、武力攻撃事態法改正案に関連して、武力攻撃事態等の場合には地方自治体や国民の戦争協力が求められるから、存立危機事態と武力攻撃事態が重なる場合には、同法改正案では明確にされていないが、地方自治体や国民の戦争協力が求められることになるであろう[20]。

上記以外に、存立危機事態は自衛隊法改正案にも反映されている。例えば、①第3条の自衛隊の任務にこれまで規定されていた「直接侵略及び間接侵略」への対処規定が削除された。専守防衛を想定した「直接侵略及び間接侵略」規

149

定が削除されたのは、集団的自衛権行使等の海外派兵を重視する姿勢の現れである。②第76条の防衛出動要件の武力攻撃事態等に「存立危機事態」規定が追加された。③これまで自衛隊員の防衛出動命令拒否や上官の命令不服従等に対する処罰は日本国内に限定されていたが、存立危機事態や他の海外派兵のさいにも適用される（第122条の2）。

3　国際の平和と安全に関連して

　この場合の活動は直接的には日本の安全に関係しないが、いわゆる国際平和協力（貢献）として自衛隊が海外派兵され、軍事的活動を行うケースである。

　その1つは、国連の集団的安全保障を名目にした他国軍（多国籍軍）支援について、個々の特別措置法（テロ特措法やイラク特措法等）によって行ってきた従来のあり方を改め、テロ（戦争）等の国際的脅威のような「国際平和共同対処事態」に対して、いつでも、どこでも支援できる新たな恒久派兵法（「国際平和支援法」全15カ条）によって行うものである。支援内容は「附則」で規定され、補給・輸送（武器や兵士も可）・医療・基地業務・訓練業務・建設・弾薬の提供（武器提供を含まない）等（建設以外は重要影響事態法案とほぼ同じ）が可能である。活動基本原則は武力行使等に当たらないこと、現に戦闘行為が行われている現場では活動しないこと、外国で活動する場合は当該国の同意が必要とされている。派兵手続きに関しては、実施対応措置（基本方針）については総理大臣は国会の事前承認を必要とする（重要影響事態法案と異なり、事後承認は想定していない）が、事前承認が国会で遅らせられることを防ぐため、首相の要請があれば衆参両院合わせて14日以内の議決が求められる。なお、派兵基本計画については事前承認は不要である。

　同法案によれば、「重要影響事態法」の場合と同様、従来と異なり派兵は戦闘が起きる可能性のある地域（これまでは派兵が禁止される「戦闘地域」に該当）でも可能となるので、自衛隊員が、戦闘に巻き込まれることも予想される。また国連でない EU 等の国際機関の要請による派兵も可能としており、派兵の国際法的正当性が確保される保証はない。そうだとすれば、イラクに派兵された航空自衛隊が米兵等を戦闘地域で輸送したことが外国軍と一体となった武力

行使に該当し違憲とされた自衛隊イラク派兵名古屋高裁判決[21]によれば、「国際平和支援法案」は明らかに違憲立法にほかならない。

　もう1つの活動は、国連PKO協力法を改正して、PKO活動を拡大したり（他国部隊への駆けつけ警護、任務遂行用の武器使用拡大等）、国連が統括しない有志国による人道復興支援や治安維持活動（「国際連携平和安全活動」）といったPKO活動以外の参加も可能にしている。しかし、武力行使を伴うPKO活動は国際社会でも問題になっているし、軍隊による治安維持活動については住民の人権侵害を伴う恐れもある。後者の例としては、アフガニスタンにおける「国際治安支援部隊」（ISAF）のようなNATO指揮下で行われた活動が想定されている。同法改正案では、これまでのPKO活動の5原則は完全に形骸化することになる。

4　自衛隊活動に対する制約の問題

　以上、事態の対応からみた安全保障関連法案を概観したが、自公合意による自衛隊活動には、①国際法上の正当性、②国会等の民主的統制、③自衛隊員の安全確保という3原則による歯止めがあるとされている。しかし、①については、正当な国連決議に基づいた武力行使への後方支援かどうかの疑問がある。②については、海外派兵に対する国会承認については事後承認が一般化し、事前承認が軽視される恐れがある。③については、派兵される自衛隊員が外国で他国の兵士や市民を殺し、殺される環境におかれるため、自衛隊員の安全確保の点などで問題がある。その他にも、存立危機事態に関しては、武力攻撃事態とも重なり、自衛隊員だけでなく、日本国民の安全が確保されるのかも検討される必要がある。というのは、その場合には上述したように、国民保護法の適用により、地方自治体や国民の戦争協力が要請され、国民の幸福追求権や平和的生存権が侵害される恐れもあるからである。なお、上記の自衛隊活動を正当化する形式的手続き論の疑問がクリアーされれば当該法案が容認されてよいわけではなく、法案の内容自体が憲法9条に違反していることが根本的な問題であることに留意しておく必要がある。

V　おわりに

　安倍政権は、「積極的平和主義」に基づく安全保障政策を推進するため、憲法9条をもつ現行の平和憲法に対し、様々な手法を用いて明文改憲とともに、解釈や政策運用による実質的改憲を試みてきている。特定秘密保護法の制定や国家安全保障基本法案などの準備は立法による解釈改憲の一環である。集団的自衛権行使の容認や武器輸出3原則の撤廃に関する閣議決定、あるいは国家安全保障戦略の具体的実施などは政府の政策運用による解釈改憲の一環とみることができよう。安倍首相にとっては、そのような改憲戦略と安全保障政策は「戦後レジームからの脱却」、いわば戦後平和憲法体制の根本的否定を図ろうとするものである[22]。

　上記の安全保障政策の中で、安倍政権が最も実現したいのは集団的自衛権行使容認であるが、その主要な眼目は対等な日米軍事同盟関係をつくることにある。しかし、集団的自衛権（体制）が、国際社会において、同盟国間において大国が中小国に対して政治的・軍事的な支配従属関係を維持する機能を果してきていることに鑑みると、自衛隊が米軍とこれまで以上に一体化して行動せざるをえず、日本の対米従属、換言すれば「戦後レジーム」がいっそう進むことになろう。

　自衛隊に対し、よりグローバルな地域で多国籍軍とともに前線で戦闘行為に参加する形での集団的自衛権行使が認められるようになると、自衛隊の活動は、これまでのような米軍を中心とする多国籍軍の後方支援活動にとどまるという制約はなくなる。外国兵士と自衛隊員の間では、互いに殺したり、殺されたりする関係も生ずることになろう。

　また、閣議決定では、集団的自衛権を行使し合う密接な利害関係国は、日米間に限定されているわけではない。その目的は、例えば、日本の石油輸送ルートを守るため（シーレーン防衛）、オーストラリアやインドなどとの間でも集団的自衛権を行使できるようにすることであるが、それは、中国包囲を念頭にした海洋安全保障戦略でもある。しかし、北東アジア地域においては、安倍政権

第6章　安倍政権の改憲戦略と安全保障政策の検討

が韓国や中国と歴史認識・従軍慰安婦・靖国神社などに関する問題で強硬姿勢をとったり、領土問題をめぐり武力紛争に発展することを、最近のアメリカは危惧している。それは、アメリカが安倍政権の集団的自衛権行使容認論を歓迎してはいるが、その集団的自衛権行使がアメリカの戦後対日政策の否定的意味合いをもつ「戦後レジームからの脱却」や日本のナショナリズムと一体で進められることに対する警戒である。このような側面からみると、安倍政権の「積極的平和主義」を強引に進めることには現実的には制約とジレンマがあるといえよう。[23]

それはともかく、そもそも集団的自衛権を行使することは、自国と密接な利害関係にある国を攻撃した他国に対して、自国が攻撃されていないにもかかわらず援助（他国防衛）するために先制攻撃することにもなるから、他国から自国が反撃され、武力紛争に巻き込まれることになることを覚悟しなければならない。また、集団的自衛権は国際社会で戦争を正当化するために濫用されてきた歴史があることなどを考慮すると、肯定的に評価することはできない。

以上のことからすると、集団的自衛権行使は憲法9条の下では認められないとしてきた従来の政府見解は評価に値する。また、安倍政権の集団的自衛権行使容認論に対して、従来の政府見解を論拠にして批判していくことは、運動論的には有意義なことである。[24] しかし、安倍政権の集団的自衛権行使容認論を批判するさいに、従来の政府見解を無批判に受容することは、広義の集団的自衛権（米軍の海外戦争時の後方支援や基地提供）を前提とする日米安保体制や、武力的な個別的自衛権（戦力としての自衛隊）を容認することになる。そうなると、日米安保体制に代わる安全保障の代案を提示する障害になる。そこで、最後に、筆者が考える安全保障の代案を簡潔に述べておくことにする。

日本は現実には永世中立国ではないが、憲法9条の非戦・非武装を前提にした交戦権放棄規定により、第3国間のいかなる武力紛争にも軍事的に加担しない中立義務を恒常的に負っているとすれば、それは非武装永世中立が要請されていると解することができる。非武装でなくとも永世中立であれば、個別的自衛権は別として、軍事同盟や海外派兵を容認する集団的自衛権行使が禁止されているだけでなく、同権利自体が放棄されていると解することもできる。この

ような内容をもつ永世中立の理念を国連との関係で生かすことは、国連憲章が例外的に認めるにすぎない集団的自衛権行使体制を縮小させていく提言力ともなりうる。アジア地域（東北アジア、アセアンなど）においても、永世中立は軍事的緊張を緩和させ、非核・中立地帯化を提言していくさいに意義がある。もちろん、そのような提言を現実化するには、憲法9条が存続し、それに基づいて日米安保体制を破棄する政権が誕生する必要があろう。[25]

1) 条文に即した筆者による体系的な検討は、澤野義一「自民党憲法改正草案の検討」大阪経済法科大学『法学論集』72号（2014年）95頁以下（本書第7章）参照。
2) 田畑忍『憲法学原論・下巻』（有斐閣、1956年）478-484頁。
3) 青井未帆「閣議決定で決められるものではない」『世界』2014年9月号149頁以下、豊下楢彦・古関彰一『集団的自衛権と安全保障』（岩波書店、2014年）232頁以下（古関彰一執筆）など参照。特に違憲訴訟（却下事例）については、平正namn『集団的自衛権の行使に反対する。』（ウインかもがわ、2015年）参照。
　なお、当該閣議決定については、日本が実質的に武力攻撃を受けたときにのみ個別的自衛権行使ができると限定解釈し、集団的自衛権行使ができないように歯止めをかけたものと評価する説もある（木村草太「集団的自衛権と7・1閣議決定」『論究ジュリスト』2015年春号20頁以下、同「安保法制の針路と憲法の未来」『潮』2015年6月号40頁以下）。しかし、この説は集団的自衛権行使を容認するような安保法案が制定されることに関しては批判的であるにしても、閣議決定の撤回を求めないから、自公政権の安保戦略を事実上容認することになり、立憲主義憲法論としては問題であろう。
4) 阪田雅裕『『限定』であっても、日本の平和主義を大きく変容させる」奥平康弘・山口二郎編『集団的自衛権の何が問題か』（岩波書店、2014年）209-210頁、村上正泰「集団的自衛権と『戦後レジーム』」『表現者』2014年9月号101-102頁など参照。
5) 澤野義一「有事法制化の動向と憲法問題」同『平和主義と改憲論議』（法律文化社、2007年）193頁以下、安全保障問題研究会「際限なき海外派兵へ」『世界』（前掲）174-176頁など参照。
6) 上田勝美「世界平和と人類の生命権確立」および浦部法穂「平和的生存権と『人間の安全保障』」深瀬忠一・上田勝美・稲正樹・水島朝穂編『平和憲法の確保と新生』（北海道大学出版会、2008年）、小林武『平和的生存権の弁証』（日本評論社、2006年）、山内敏弘『人権・主権・平和』（日本評論社、2003年）、浦田一郎『現代の平和主義と立憲主義』（日本評論社、1995年）、深瀬忠一『戦争放棄と平和的生存権』（岩波書店、1987年）、奥野恒久「平和的生存権と憲法九条」憲法研究所・上田勝美編『平和憲法と人権・民主主義』（法律文化社、2012年）、澤野義一「人権と平和」吉田康彦編『21世紀の平和学（第2版）』（明石書店、2005年）など参照。
7) 具体的な諸問題については、飯田泰士『集団的自衛権』（彩流社、2014年）132-142

頁、水島朝穂「安保法制懇の『政局的平和主義』」『世界』2014年5月号81頁以下、同『ライブ講義 徹底分析！ 集団的自衛権』（岩波書店、2015年）、阪田雅裕『『限定』であっても、日本の平和主義を大きく変容させる」（前掲）210頁以下、安全保障問題研究会「際限なき海外派兵へ」『世界』2014年9月号169頁以下、高作正博編『ここがおかしい集団的自衛権』（合同出版、2014年）、伊藤真『やっぱり九条が戦争を止めた』（毎日新聞社、2014年）、小林節『白熱講義！ 集団的自衛権』（KK ベストセラーズ、2014年）、山内敏弘『「安全保障」法制と改憲を問う』（法律文化社、2015年）など参照。

8) 松田竹男「集団的自衛権論の現在」法律時報増刊『安保改定50年』（日本評論社、2010年）67頁、山形英郎「国際法からみた集団的自衛権行使容認論の問題点」渡辺治ほか『集団的自衛権行使容を批判する』（日本評論社、2014年）40頁以下など参照。

9) 青井未帆『国家安全保障基本法批判』（岩波書店、2014年）参照。

10) 国会提出以前の自民党の「恒久派兵法」案の検討は、澤野義一『平和憲法と永世中立』（法律文化社、2012年）130頁以下参照。

11) 村上誠一郎「日本は『ワイマールの落日』を繰り返すな」奥平康弘・山口二郎編『集団的自衛権の何が問題か』（前掲）295頁以下参照。

12) 澤野義一「自民党憲法改正草案の検討」（前掲）126頁、113-115頁。

13) 飯田泰士『集団的自衛権』（前掲）39頁以下参照。

14) 豊下楢彦・古関彰一『集団的自衛権と安全保障』（前掲）167-168頁（古関彰一執筆）。ヨハン・ガルトゥングについては、高柳先男ほか訳『構造的暴力と平和』（中央大学出版部、1991年）など参照。

15) 豊下楢彦・古関彰一『集団的自衛権と安全保障』（前掲）188-198頁（豊下楢彦執筆）、斎藤貴男『戦争のできる国へ』（朝日新聞出版、2014年）30-37頁、半田滋『日本は戦争をするのか』（岩波書店、2014年）85-120頁、柳澤協二『亡国の安保政策』（岩波書店、2014年）72-79頁など参照。

16) 澤野義一『永世中立と非武装平和憲法』（大阪経済法科大学出版部、2002年）182-183頁、214-220頁（本書第3章Ⅱ）参照。

17) 澤野義一『永世中立と非武装平和憲法』（前掲）112頁以下、同『平和憲法と永世中立』（前掲）53頁以下参照。

18) 村井敏邦・田島泰彦編『特定秘密保護法とその先にあるもの』（日本評論社、2014年）、海渡雄一・清水勉・田島泰彦編『秘密保護法 何が問題か』（岩波書店、2014年）、石坂悦男「秘密保全法と情報公開」『社会志林』59巻3号（2012年）など参照。

19) 阿戸知則「武器輸出三原則の放棄と日米軍需産業の展開」『経済』（新日本出版社）2014年8月号37頁以下、豊下楢彦・古関彰一『集団的自衛権と安全保障』（前掲）188-209頁（豊下楢彦執筆）など参照。

20) 武力攻撃事態法や国民保護法との関連での自治体・住民の戦争協力と対抗的な戦争非協力のあり方については、澤野義一『平和憲法と永世中立』（前掲）166頁以下参照。

21) 澤野義一『平和憲法と永世中立』（前掲）112頁以下参照。

22) 安倍晋三『新しい国へ』（文藝春秋、2013年）参照。

23) 豊下楢彦・古関彰一『集団的自衛権と安全保障』(前掲) 59頁以下 (豊下楢彦執筆) 参照。
24) 阪田雅裕や宮崎礼壹ら元内閣法制局長官の見解 (阪田雅裕「『限定』であっても、日本の平和主義を大きく変容させる」[前掲]、宮崎礼壹「憲法九条と集団的自衛権は両立できない」『世界』2014年8月号)、集団的自衛権行使容認の閣議決定の撤回を求める憲法学者160名の声明 (2014年8月5日)、柳澤協二『亡国の安保政策』(前掲)、松竹伸幸『集団的自衛の深層』(平凡社、2013年) など。なお、松竹の著書は、安倍政権の集団的自衛権行使容認論を批判的に検討している点では評価できるが、一般的な解釈論としては、憲法9条の下での集団的自衛権 (および自衛力による個別的自衛権) の保有と行使を容認し、安全保障における「中立」論に否定的な立場をとっている点は、ここでは詳論しないが、私見からは疑問がある。
25) 澤野義一『永世中立と非武装平和憲法』や『平和憲法と永世中立』(前掲) など参照。なお、筆者の集団的自衛権批判と永世中立論に基づいて、自衛隊のイラク派兵や政府の集団的自衛権見直し論を批判している論稿として、名古屋高裁訴訟の原告側訴訟準備書面 (2007年7月9日) や、伊藤述史『現代日本の保守主義批判』(御茶の水書房、2008年) 242頁などがある (本書第4章参照)。

第 **7** 章

自民党憲法改正草案の検討

I 憲法改正をめぐる問題状況

　近年の改憲論は1997年の「憲法議連」結成以降活発化し、第1次安倍政権の崩壊（2007年9月）まで持続した。その間の特徴的な出来事としては、小泉政権下の2000年から2005年にかけて審議された国会の憲法調査会の活動、2005年の自民党「新憲法草案」や民主党「憲法提言」の提示、2007年の憲法改正国民投票法制定（2010年施行）などが注目される。安倍政権に続く自民党の福田政権では、安倍政権失脚の轍を踏まないよう、タカ派的な改憲策動は控えられ、国会の新たな憲法審査会も始動しえなかった。麻生政権下では、衆院憲法審査会規程の強行採決などの改憲策動が行われたとはいえ、小泉構造改革によって生じた格差社会の是正政策に取り組むことが優先され、改憲論は下火になる。
　そのような背景には、改憲阻止や憲法9条を守るための市民や諸団体による様々な憲法運動が大きくなったことが軽視されてはならないが、長期自民党政権から政権交代を果たした鳩山民主党政権および菅民主党政権が、自民党政権との相違を示すために改憲論に消極的な姿勢をとったことも、改憲論が盛り上がらない状況が続く要因となっていたといえよう。
　しかし、2011年3月の東日本大震災を契機に、自然災害などの非常事態に対して日本国憲法は何も対処できないのではないかといった口実に基づいて、非常事態に対処できる国家緊急権を憲法に導入すべきだという改憲論の提案が目立つようになる。また、2012年以降には、尖閣などの領土問題や北朝鮮ロケッ

ト発射問題を利用してナショナリズムが扇動される中で、自衛隊増強と日米同盟強化論が従来にもまして唱えられるようになったこと、自民党をはじめ改憲諸政党・団体（大阪維新の会、たちあがれ日本、みんなの党など）が改憲案を盛んに公表したこと、民主党政権批判を強めるタカ派的「第3極」の諸政党（大阪維新の会や太陽の党など）の主張や統合の動向がメディア等で注目されたことなども、改憲論が容認される背景となっていたと考えられる。その他、野田首相の憲法論が自民党の改憲論と大差ないこと、野田政権が民主党の公約に反し自民党的政策へ回帰したことも、保守的改憲論が容認される要因となったと考えられる。また、野田民主党政権が、決められない政治の要因とされる衆参「ねじれ国会」の打開目的で、2011年10月以降、国会の憲法審査会を始動させたことも、第1次安倍内閣退陣後沈静化していた改憲論議を再燃させる糸口になったし、第2次安倍政権下の同審査会再開を容易にする条件をつくることになったといえる。

ただし、改憲論議が実際に活発に行われるようになるのは、2012年12月の衆院選において改憲諸政党が改憲論を選挙公約にかかげて争い、自民党が単独過半数の議席を獲得したうえ、改憲派議員が改憲に必要な3分の2（320議席）を超える議席を獲得してからである。世論調査では国民の問題関心が低いにもかかわらず、2013年7月の参院選に向けて、改憲諸政党は改憲論議を盛り上げていくことになる。

参院選の結果は、改憲公約政党（自民党、日本維新の会、みんなの党、新党改革）の議席が非改選を合わせて143で、改憲提案に必要な3分の2の162議席に届かなかった。しかし、「加憲」論で連立与党の公明党の20議席や、選挙で惨敗し求心力を失った民主党の改憲派議員が加わると、参議院でも改憲提案可能な状態になっている。また衆議院は2012年12月衆院選で、改憲派議員が改憲提案に必要な3分の2議席を獲得しているから、国会では改憲発議が可能な状態になっている。

もっとも、そのような状態になったからといって、自民党が主導して改憲を早急に策動できるとはかぎらない。というのは、憲法改正手続きを緩和する憲法96条先行改憲や平和憲法9条の改正などについては世論の多数の支持が得ら

れていない現実があるからである。そこで当分の間は、改憲派議員で占められる国会の憲法審査会において、憲法改正国民投票に向けて改憲論議を盛り上げていくとか、支持者との対話集会などを通じて改憲草案の理解を深めていく方針である（『日経新聞』2013年8月25日付）。しかし、戦後70年の節目に当たる2015年に入ってからの安倍首相・自民党は、明文改憲のスケジュールを積極的に提示し始めている。それと並行して、2014年以降、集団的自衛権行使容認等の閣議決定や安全保障関連法案の制定などによって現行平和憲法を実質的に否定する解釈・運用改憲をとってきている（本書第6章Ⅰ、Ⅱ参照）。

さて、本章では、以上のような自民党の改憲戦略を踏まえ、その到達目標にある「憲法改正草案」（2012年4月公表）を批判的に検討することが課題である。「憲法改正草案」は元の「新憲法草案」（2005年）と同様、日本国憲法の基本的人権の尊重、国民主権、平和主義という3大基本原理や立憲主義を否定するものであり、憲法改正の名に値しない問題の多い内容となっている。[1]

Ⅱ 国民の権利と義務に関する問題

1 人権の総則的規定

自民党改憲草案における人権保障の総則的規定である憲法13条は、現行憲法の同条とは根本的な性格を変え、人権の大幅な制約をもたらす恐れがある。その1つは、人権の享有主体である「個人」が「人」に変更されている点である。もう1つは、人権の制約原理である「公共の福祉」が「公益及び公の秩序」に変更されている点である。

まず、「個人」の「人」への変更は、個々の具体的個人が尊重される個人主義を軽視するものである。それは、自民党改憲草案においても存置されている、家庭生活における「個人の尊厳」を規定する憲法24条との整合性にも欠ける。現代憲法の人権の享有主体である「個人」は、近代憲法の抽象的な「すべての人」ではなく、多様な人間の生活形態や人格が尊重される「すべての個人」を意味し、憲法13条の「個人の尊重」は国連憲章や戦後ドイツ憲法にみられる「人間の尊厳」に相当する。このような観点でみると、自民党改憲草案に

おける「個人」の抽象的な「人」への変更は、天皇や家族を重視する国家主義・共同体主義による人権制限を容易にし（義務も増設）、かつ経済的自由を重視する新自由主義により生存権を軽視することにつながっているように思われる。

　もう1つの変更点の問題を考えるには、「公共の福祉」と人権に関する従来の通説的な見解を踏まえておくことが必要であろう。すなわち、一般的に権利の濫用が許されないという意味では、現行憲法12条や13条の「公共の福祉」による人権制限は、すべての人権について妥当する。しかし、個別的人権規定でみると、表現の自由（21条）などの自由権については「公共の福祉」による制限規定は設けられておらず、特に経済的活動に関する営業の自由（22条）と財産権（29条）についてだけ、「公共の福祉」による人権制限規定が設けられている。それは、経済的自由に比べ表現の自由は、公権力や立法による制限が基本的になされてはならないこと、表現の自由が制限される場合には、厳格な合理的理由が示されなければならないことを意味する。他方、経済的自由については、公権力や立法による制限は、明白な違憲性がない限り、基本的には容認されることを意味する。したがって、表現の自由などの制限で使われる「公共の福祉」は「人権の内在的制約原理」を、他方、経済的自由などの制限で使われる「公共の福祉」は「人権の政策的・外在的制約原理」という意味をもつといわれている。後者は、社会民主主義的思想を取り入れた修正資本主義的福祉国家ないし社会国家憲法の特色である。

　それでは、自民党改憲草案で導入された「公共の福祉」に代わる「公益及び公の秩序」は何を意味するのか。「公共の福祉」は現行憲法では、上記のような2つの意味で使用されているが、「公益及び公の秩序」は、それとは逆の意味で使用されている。つまり、経済的活動に関する営業の自由については「公共の福祉」や「公益及び公の秩序」による制約はなく、表現の自由には「公益及び公の秩序」による制約が設けられた。それは、経済面において、生存権よりも経済的自由を重視する新自由主義的の経済、すなわち規制緩和を重視する憲法観と、倫理的には精神的自由を安易に制限する保守主義・国家主義的憲法観を表現したものである。なお、改憲草案において、知的財産権は別扱いにし

て、経済的自由に関する財産権に関して「公益及び公の秩序」による制限が設けられているのは、災害や有事などの緊急事態における個人的財産権による抵抗を排除し、個人主義的ないし生存権的財産に対する国家主義的制限を可能にするものと考えられる。したがって、「公益及び公の秩序」は、「人権の国家主義的（国益的）制約原理」といえよう。「公共の福祉」に代わる「公益及び公の秩序」を導入した背景には、社会国家的憲法観から新自由主義的保守主義の憲法観への転換がある。

「公益及び公の秩序」は、最初から個人の権利に対して優先する人権制約原理を意味するように思われるし、公権力に都合の良い人権政策の手段に使用される恐れがある。「公共の福祉」も、最高裁判決ではそのような運用がなされてきた経緯はあるが、それは憲法学の多数説に沿ったものではない。「公共の福祉」は個々の人権の性質に応じた人権の保障ないし制約を考える基準なのである。

2 個別的人権規定

個別的な人権保障の後退ないし制限については、外国人参政権の否定（15条3項）、奴隷的拘束禁止規定の削除（18条1項）、政教分離緩和による信教の自由制限（20条3項）、全体の奉仕者論による公務員労働基本権の制限（28条2項）、拷問・残虐刑禁止の緩和（36条）、抵抗権と将来の国民の権利保障規定（97条）の削除などがある。以下、順次問題点を概観しておこう。

① 外国人参政権の否定。憲法15条は普通選挙権を保障する規定であるが、改憲草案は同条3項に「日本国籍」保有者に限定する文言を追加することで、外国人参政権を否定している。地方自治の章に関しても、同様の規定（94条2項）が追加されている。したがって、地方参政権を認める法律を制定することは違憲となる。しかし、これは、地方参政権を認める法律を制定することは違憲ではないとしている最高裁判決や学説の潮流に逆行する時代錯誤的な憲法観である。

② 奴隷的拘束禁止規定の削除。現行憲法18条が規定している奴隷的拘束禁止に関する部分は削除され、代わりに同条1項に「身体の拘束」に関する規定

が設けられたが、その身体的拘束が禁止される条件として「社会的又は経済的関係において」という文言が付された。しかし、憲法14条で差別が禁止される条件には「政治的関係」という文言も入っていることを想起すると、18条1項に「政治的関係」という文言がないのが懸念される。それは、有事などの緊急事態という「政治的関係」においては、「公益及び公の秩序」によって身体的自由が拘束されることを正当化するためと思われても仕方がない。憲法9条などの改正による国防の協力義務との関連では、徴用や徴兵の義務も解釈論的には容認される余地がある。

③ 政教分離原則緩和による信教の自由制限。現行憲法20条は政治と宗教を厳格に分離する規定と解されているが、改憲草案は同条3項において、国や自治体の宗教的活動を例外的に容認する文言、すなわち「社会的儀礼又は習俗的行為の範囲を超えないものについては」宗教的活動に当たらないという文言を導入することで、政教分離原則を緩和した。公金支出との関係では、89条第1項が新設されている。これは、自治体の地鎮祭、大臣の靖国参拝などを正当化することになるが、神道と密接に関係する天皇を戴く国家を目指す改憲草案の趣旨に沿うものであり、結果的には国民の信教の自由の制限ともなる。大臣の靖国参拝などを違憲とする憲法訴訟は、ほぼ困難となる。

④ 全体の奉仕者論による公務員労働基本権の制限。現行憲法28条は団結権・団体交渉権・争議権の労働基本権を保障しているが、何らの制限規定はない。しかし、改憲草案は同条2項を新設し、特に公務員については「全体の奉仕者であることに鑑み」、法律で制限できるとしている。公務員が「全体の奉仕者である」ことはすでに憲法15条にも規定されているが、それは、一般公務員であれ議員のような特別公務員であれ、国民主権下の公務遂行のあり方を理念的に示したにすぎず、公務員の政治的行為や労働基本権を制限することに使用されてはならない。しかし、最高裁判例や行政解釈では、全体の奉仕者論は公務員労働基本権などを制限する論拠に使用されている。改憲草案は、そのような悪しき現実を憲法規定で正当化するものである。

⑤ 拷問・残虐刑禁止規定の緩和。現行憲法36条では、拷問と残虐刑は「絶対に」禁止するとされているが、改憲草案では単に「禁止する」にとどまる。

残虐刑に関していえば、現行憲法を厳格に解釈すれば、残虐刑の絶対的禁止から死刑の違憲論が導き出される余地があるが、改憲草案は、そのような解釈を封じ、死刑合憲論と死刑執行を正当化する意図があるとみられても仕方がないであろう。これは、人権の享有主体である「個人」が「人」に変更されたことや、人権制約原理である「公共の福祉」が「公益及び公の秩序」に変更されたこととも関連しているとも考えられる。

⑥　抵抗権と将来の国民の権利保障規定の削除。現行憲法97条は、人権が人類の多年にわたる努力による成果であることと、現在の国民だけでなく将来の国民に対しても与えられることを規定している。改憲草案ではこの規定が削除されているが、それは、類似の規定が憲法11条にあるから問題ないと考えられているようである。確かに97条の後半部分は11条と重複する文言であるが、97条の前半部分は11条にはない人権の本質を表明している点で、97条の削除は問題がある。人権の本質とは、人間が生まれながらに有する不可侵の自然権という捉え方もあり、現行憲法にそのような思想が含まれているという見方もある。改憲草案は、現行憲法の自然法的権利思想を否定したいがために、97条を削除したと考えられる。しかし、人権のもう１つの考え方は、人権は抵抗権性を基本的性格として有し、人々の闘いによって獲得されてきたものという見方もある。97条は、抵抗権の根拠規定ともされているが、その本質は自然権的権利というよりは、闘争史観に基づく実定法的権利といえる。私見は、こちらの見方を重視すべきであると思うが[2]、それはともかく、97条の削除には賛成できない。なお、97条や11条が「将来の国民」の権利を規定している意義については、これまではほとんど注目されてこなかったが、人権侵害が長期かつ広範囲にわたって生ずるような環境権侵害や原子力（原発）被害などの問題を考えるさいには重要な規定であり、ようやく世界的にも注目され出している状況にある[3]。

⑦　新自由主義による権利の保障と制限。改憲草案は、前文で、「教育や科学技術を振興し、活力ある経済活動を通じて国を成長させる」という、現行憲法にない文言を導入している。憲法典にこのような文言を入れることに違和感を覚えるが、自民党政府の近年の経済政策を踏まえれば、それは、経済活動の

規制緩和による経済成長を重視する新自由主義の方針を表明したものと解される。この方針が個別の人権規定では、社会権を軽視することを意味する公務員労働基本権の制限のほか、営業の自由・職業選択の自由（資本主義的自由競争）を規制できる社会国家的「公共の福祉」規定の削除（22条）に現れている。また、教育を受ける権利を定める憲法26条の中に、新たに第3項として、「国の未来を切り拓く上で欠くことのできないもの」として教育を位置づけ、国に対する教育環境整備を義務づける規定を設けた。これは、国民の教育権に対する国の義務を一般的意味で明確にしたというようにも考えられるが、改定教育基本法の前文における「我が国の未来を切り拓く教育の基本を確立」することに対応した文言であるとみるならば、当該3項による国の教育政策は、改憲草案の考える「日本国憲法」の精神に基づき、改定教育基本法に新たに導入された「公共の精神」や「伝統と文化」を重視するような、国民のためというより国家のための教育行政ということになる。それと同時に、復古主義的教育観にとどまらない、経済成長国家をめざす新自由主義に基づき、能力や競争に主眼をおく「未来志向的」教育を指向する意図が含まれていると解される[4]。

⑧　「新しい人権」規定。改憲草案Q&Aによると、「新しい人権」として、個人情報の不当取得の禁止等（19条の2）、国政上の行為に関する国による国民への説明責務（21条の2）、環境保全の責務（25条の2）、犯罪被害者への配慮（25条の4）を規定したと説明されているが、国民の権利としては明記されておらず、国の責務ないし配慮義務とされているにすぎない。それのみならず、以下に言及するように、当該事項が国民の義務としても位置づけられているのは問題である。

3　国民の義務の増設

改憲草案においては、以下のように、国民の義務が増設されているが、それは保守主義と国家主義に起因するものである。

①　憲法前文には、国民に対する基本的人権尊重の義務も書かれているが、天皇を戴く国家を踏まえ、国と郷土を守る義務、和を尊び、家族や社会が互に助け合う義務が定められており、それは憲法1条以下の関連条文にも反映され

ている。

② 憲法9条の3には、自衛権や国防軍などの容認に関連して、主権と独立を守るための国民の領土保全協力義務が導入されている。その問題点などについては、平和主義の個所で再論する（後述のⅣ参照）。

③ 憲法3条2項には国民の国旗・国歌尊重義務が定められているが、それは天皇の元首化、国旗・国歌および元号に関する憲法規定の導入と一体のものであるが、国民主権や思想・良心の自由などとの関係で問題である。

④ 憲法19条の2には、国民に対して個人情報の不当取得や利用を禁止する義務が定められているが、この規定は、国民のプライバシー権を保障し、それを政府に守らせる規定を設けることなく、国民に対してのみ個人情報の不当取得や利用を禁止する点において、第1の問題がある。また、改憲草案では、政府に国政上の説明責任が課されているが（21条の2）、その前提におかれるべき国民の知る権利を保障する規定が設けられていな点からみても、国民に対してのみ個人情報の不当取得や利用を禁止するのは問題である。

⑤ 憲法24条1項に、家族が社会の基礎的単位として（国家から）尊重されるという規定を導入したのは、マッカーサー憲法草案作成過程や、世界人権宣言および現代の外国憲法にもみられるもので問題はないが、「家族は、互いに助け合わなければならない」という規定は、外国憲法とは異なる。家族が互いに助け合う存在であるべきことは、改憲草案の前文に沿っているが、戦後の自民党改憲論に一貫して唱えられてきた日本の「伝統的」保守の家族観を表現したものといえる。憲法の法的規定の中に、家族道徳的規定を導入することに疑問がある。現代憲法の家族条項は、家族構成員の個人の尊厳を踏まえた家族の社会国家的保障に意義があるが、改憲草案はそれとは逆に、社会保障の面においては、新自由主義的保守主義観に依拠して、家族を自己責任・負担の担い手として位置づけようとしている。

⑥ 新設の憲法25条の2は、国民の協力の下に国が環境保全に努めることを規定しているが、国民の環境権は明記されていないという問題がある。

⑦ 憲法92条2項には、住民の地方自治体から役務提供を受ける権利と同時に地方自治体への役務分担義務が定められているが、93条で自治体が国に協力

しなければならない場合、例えば有事法制・国民保護法が運用されるような場合には、住民も協力義務を負うことになろう（地方自治に関する後述Ⅲの２も参照）。

⑧　憲法99条３項には、内閣総理大臣によって緊急事態宣言が発せられた場合、国民が公的機関の指示に従わなければならない義務が定められているが、これは上記の有事のさいの住民の協力義務とも重なる（緊急事態については後述のⅣを参照）。

⑨　憲法102条１項には、２項における公務員の「憲法擁護」義務に先立って、国民の「憲法尊重」義務規定が導入された。国民の「憲法尊重」義務規定が現行憲法99条にない理由は、国民が主権者として公務員に憲法を守らせるためであると学説では説明されてきたことを踏まえると、改憲草案の規定は、天皇を「憲法尊重擁護」義務者から除外していることからも、国民主権を否定することになる。なお、公務員の「憲法擁護」義務については、現行憲法と異なり「尊重」の文言が削除されている。

Ⅲ　国民主権に関する問題

１　憲法前文との関連

改憲草案では、３権分立制との関係で国民主権が用語としてだけ使用されているにすぎず、実質的には、人類普遍の原理としての国民主権が否定されている。すなわち、国政が国民の信託によるものであり、その権威は国民に由来し、その権力は国民代表が行使し、福利は国民が享受するという、自然権と社会契約思想をルーツにする国民主権に基づく民主主義を述べた現行憲法の記述が削除されたのは、改憲草案が保守主義の世界観から、君民一体の天皇制共同体である「国体」観に基づいて「天皇を戴く国家」を前文の基本に据え、日本が社会契約的国家ではなく、長い歴史や伝統と「和を尊び」、家族や社会全体が互いに助けあう国家であることを確認するものといえよう。改憲草案Q&Aでも、天賦人権説に基づく現行憲法の規定振りを全面的に見直したことが改憲案のポイントとされている。前文の主語が「国民」でなく「日本国」や「我が

国」に変更されたのも、その点に関連している。

　このような観点からの憲法改正が、基本的人権も国家・権力・公益優位のもとで軽視ないし制限され、国民の義務が増設されることにつながっていることは上述した通りである。また、以下に検討するように、統治制度や憲法改正手続などとの関連においても国民主権が形骸化ないし否定されることになっている。

2　統治制度との関連

　①　天皇との関連では、天皇の元首化に伴う、従来の国事行為以外の公的行為を容認する規定（6条5項）や、天皇の憲法尊重擁護義務（99条）の削除は、国民主権の形骸化ないし否定を意味する。

　②　国会との関連では、まず、現行憲法47条が選挙に関する事項は法律で定めるとだけ規定しているのに対し、改憲草案では、選挙区は人口を基本としつつも地勢等を総合的に勘案するという趣旨の規定が明記された。しかし、それは選挙区割りの人口比例原則の緩和を認める余地を与えることになり、国民主権に由来する選挙の平等原則からみて問題である。もう1つの問題は、政党が議会制民主主義に不可欠の存在であることが明記されたが、その活動の公正確保と健全な発展に努めることが義務づけられており（64条の2）、また「公益及び公の秩序を害することを目的とした活動」を行うような「結社」が認められないという規定（21条2項）からすると、政党の政治活動の自由が保障されることも明記されているが（64条の2）、政党法による政党規制が行われる危険性がある。

　③　内閣との関連では、改憲草案Q&Aが解説しているように、総理大臣が内閣・閣議に諮らないで1人で決定できる専権事項として、行政各部の指揮監督・総合調整権（72条1項）、国防軍の最高指揮権（同条3項）、衆議院の解散決定権（54条1項）を設けたことは、首相の権力を強化し、国会に対して内閣が連帯責任を負うという議院内閣制的国民主権を否定することになる。

　④　司法権との関連では、最高裁判事の国民審査について、その時期が判事任命後の総選挙時と10年後の最初の総選挙時などに行われることが現行憲法79

条2項で明記されているが、改憲草案では国民審査時期は法律事項に委ねられることになっている。そうなると、国民審査の回数が法律で減らされても違憲とはいえなくなるという問題がある。国民審査は司法に対する国民参加を意味するものであるから、当該条項の改正は国民主権を否定するものといえよう。

⑤　地方自治との関連では、改憲草案では、地方自治の自主性や自立性が基本におかれているが（92条第1項）、国と自治体が「法律の定める役割分担を踏まえ、協力しなければならない」という規定（93条3項）には、軍事や外交などは国が行い、福祉などは自治体が行うという、歴代自民党政府が推進してきた新中央集権主義と新自由主義の両側面をもった地方分権改革の考えが反映されているとすれば、住民が地方自治の「役務の負担を公平に分担する義務を負う」という規定（92条2項）からは、有事法制・国民保護法などとの関連では、国の防衛行政への住民の協力義務が求められることになる。また、福祉の関連では、基本的には自治体の「自主的な財源をもって充てること」（96条）が求められることになろう。これは、国民・住民主権の否定を意味する。

3　憲法改正手続との関連

改憲草案における憲法改正手続（100条）は、国会の改憲発議（議決）要件を現行憲法（96条）の3分の2から過半数に緩和しようとするものであるが、憲法の根本にかかわるから、国民主権のみならず立憲主義との関連でも問題となる。

まず、国民主権との関連問題に言及する。憲法改正手続を緩和すべきだとする改憲論は、1950年代から提唱されており、新規な提案ではないが、近年みられる改憲論の論拠として、憲法改正は最終的には国民投票で決せられるから、議会の改憲発議要件を緩和しても問題はないという見解がある。あるいは、議会の改憲発議要件を緩和すれば国民投票の機会が増えて好ましいという見解、換言すれば、現在は議会の改憲発議要件が厳しいので国民投票の機会が奪われているという見解もある。

しかし、これらの見解は一見、国民主権や直接民主主義を尊重するように思われるが、実は議会（議会制民主主義）を軽視してスピーディーに政治を決定す

第7章　自民党憲法改正草案の検討

る政府・首相の権力強化を指向する改憲論の潮流に沿ったものである。それは、議会を飛び越えて、国民に直接訴えかけて権力を正当化する首相公選論とも類似するファッショ的民主主義論、ないしプレビシット的国民主権論（ナチスドイツ下の指導者民主主義論を想起）であり、注意を要しよう。

　憲法96条の厳格な改憲発議要件が日本国憲法の国民主権原理に基づく国会への体現であるから、国民主権などの基本原理を形骸化するような憲法改定は、憲法改正の限界を超えるため法的には認められないという多数説によれば、権力者に有利になる改正手続の緩和は国民主権原理を侵害することになる。

　また、権力者に有利になる改正手続の緩和論に関連していえば、首相や官房長官・大臣らが改憲の発言や策動を行うことは、大臣等の公務員の憲法尊重擁護義務（99条）を前提に、かつ、改憲発議は国会だけが有し、内閣は有しないという多数説によれば、違憲といえよう（従来の政府見解では合憲）。1980年頃、大臣の改憲発言について辞任が求められるなど大きな問題となったことがあるが、近年はこのような批判はメディアでもみられなくなっている状況にある。

　次に、立憲主義との関連で、憲法改正手続規定の緩和に関する問題点について言及しておくことにする。概して憲法は歴史の進展に伴う変更の可能性を認めつつも、国家の根本を定める法であるため、一定の永続性が想定され、政権交代のたびに権力者に好都合なように憲法が変更されないようにしている。法律改正と異なり、憲法改正手続が厳格に定められているのは、そのような考慮に基づいており、近代以降の外国の憲法ないし立憲主義の常識である。日本国憲法96条も、その例外ではない。

　この点を踏まえていえば、第1に指摘すべきは、改憲論者が主張するのとは違い、外国に比べて日本の憲法改正手続が特別に困難というわけではないということである。議会の改憲議決要件を3分の2にしている国は結構多い。さらに、日本と同様、議会の議決以外に国民投票を改憲要件にしている国（韓国など）もある。国民投票はないが、4分の3以上の州議会の承認を要件にしている国（アメリカ）もある。これらの外国憲法は改正手続が厳格とはいえ、第2次世界大戦後、韓国では9回、アメリカでは6回の憲法改正が行われている。改憲が本当に必要になれば、改正手続が困難でも改正が行われるということで

ある。日本国憲法の改正が行われなかったのは、改正手続が困難であったというよりも、改憲の必要性が感じられなかったことに原因がある。第1次安倍政権まで憲法改正国民投票法が制定されなかったのも、同様の理由であって、改憲派が批判するような国会の立法不作為ではない。

第2に、憲法改正手続の緩和論の正当化論として、外国憲法は頻繁に改憲をしているが日本国憲法は1回も改正されていないことを、ドイツなどが戦後59回も改憲している例を持ち出して説明する議論があるが、その比較方法に問題がある。ドイツ憲法では国民投票を要件としないので改憲はしやすいといえるが、憲法の基本価値を変更する全面改正は禁止され、基本的には憲法の枠内の改憲に留めている。この点は、日本の改憲論が国民主権、基本的人権尊重、平和主義の基本原理を侵害する全面改正を企図しているのとは決定的に異なる。また、スイスなどは憲法改正を毎年のように行ってきたが、それは法律で定められるような条項を含む憲法であることに起因している。ヨーロッパ諸国の憲法改正は、国際人権の進展や EU「憲法」との調整によるものも多く、日本の改憲論とは提案の文脈が異なる点に留意する必要がある。

Ⅳ 平和主義に関する問題

1 憲法前文との関連

① 侵略戦争の反省という点からみると、政府の行為によって再び戦争の惨禍が起ることのないように決意するという現行憲法前文の文言が削除されたことは、戦前日本の侵略戦争の責任をあいまいにするか否定する意思の現れである。それは、日本の侵略行為を踏まえているポツダム宣言、東京裁判、講和条約などの意義を軽視し、戦後レジームからの脱却をかかげ、侵略の国際的定義は定まっていないとする安倍首相の歴史認識と一体のものである。改憲草案の戦前の戦争評価は、「先の大戦による荒廃」を東日本大震災などの「幾多の大災害」と同列に併記し「乗り越えて発展」したと簡単に記述しているだけであるが、このような記述は事実に合致しておらず、問題である。

② 平和的生存権との関連では、改憲草案は、戦争原因である専制・隷従・

偏狭などの構造的暴力をなくし、日本が全世界の国民の平和的生存権実現のために努力するという平和主義の先駆的な文言を削除しているが、世界的に定着してきている「人間の安全保障」論の有力な論拠ともなりうる平和的生存権を削除することは歴史の進展に逆行する。むしろ、平和的生存権は、イラク自衛隊派兵に関する名古屋高裁判決や岡山地裁判決にみられるように、国内裁判で具体的権利性が承認される事例も出てきていること（イラクでの自衛隊活動について名古屋高裁の場合は違憲と認定）、世界的には国連人権理事会で「平和への権利宣言」を作成する動きの中で、平和的生存権の意義への注目が高まっている点に留意すべきである。

2　憲法9条との関連

①　削除された規定。改憲草案では、第1に、憲法9条に関する第2章の「戦争放棄」の見出しが「安全保障」の表記に改正されたこと、第2に、同条1項の戦争と武力行使等の放棄規定については、「永久に」放棄するという文言が削除されたこと、第3に、陸海空軍その他の戦力の不保持と交戦権放棄を定める同条2項が全面削除されたことが特徴点である。

世界の平和憲法の中で、日本の平和憲法が最も徹底した「平和主義憲法」と称されるのは、特に憲9条2項があるためで、第1項だけでは、世界の多くの平和憲法と同様、自衛のための軍事力保持と武力行使や交戦権行使が容認されることになる。したがって、第2項を削除することは、日本国憲法の平和主義の核心を否定することになるため、憲法改正の限界に当たり、認められないとされている。侵略戦争の反省や平和的生存権保障を表明する憲法前文の国際協調的な平和主義とともに、憲法9条2項を削除することは平和主義の歴史発展に逆行する。また、戦争などの「永久」放棄規定の削除は、戦争の絶対的平和主義を相対化するものといえよう。

なお、通常の兵器類以外に戦争手段に転用できるとみられている物が「戦力」に含まれるとの解釈によれば、プルトニュウムを生み出す「原発」も戦争手段に転用できる潜在的核抑止力であるとして違憲であるとの解釈が可能となるが、「戦力」規定が削除されると、原発違憲論の1つの論拠を失うことにな

る。また、交戦権放棄規定が削除されると、平和政策として、いかなる紛争当事国にも加担することが禁じられる中立政策を憲法規範的に導き出すことが困難になる、といった問題もある。

② 新たに導入された規定。第1に、憲法9条2項には、国家自衛権を発動できる規定が明記された。当該自衛権には、個別的自衛権だけでなく集団的自衛権も含まれるとされるが、集団的自衛権については、安倍政権は、このような改憲とは別に、現行憲法の下でも集団的自衛権行使を容認する解釈改憲を閣議決定や安全保障関連法案の国会審議などを通じて推し進めている。

なお、自衛権について、自民党改憲草案Q&Aが国家の自然権として位置づけているのは疑問である。自然権は、個人の人権については認められるとしても、国家には当然の権利ではない。立憲主義によれば、国家は憲法で定められた権限行使しかできないから、非武装平和憲法下では自衛権は放棄されていると解することもできるのである。

第2に、憲法9条の2において、内閣総理大臣を最高指揮官とする国防軍の保持とその海外派兵や国内秩序維持活動などを容認する規定、国防軍に関する組織や機密保護などに関する規定、国防軍に関する審判所(軍法裁判所)の設置に関する規定が明記された。当該審判所の設置や軍事機密にかかわって、国民の知る権利は制限されることになるが、それはすでに制定された特定秘密保護法によって行われることになる恐れがある。

第3に、憲法9条の3において、主権と独立を守るための領土保全協力義務が規定された。上述したような憲法前文の郷土防衛義務や身体的拘束に関する規定(18条)、あるいは第9章に新たに設けられた国家緊急事態における国民の公的機関指示への服務義務と合わせて解釈すると、徴用ないし徴兵制が容認される余地もある。

3 憲法9条関連規定──国家緊急事態権を中心に

憲法9条関連規定として、自衛隊の海外派兵を拡大する在外国民保護規定の新設(25条の3)、大臣の文民規定の緩和(大臣は現役軍人でなければよい)規定(66条)、国家緊急事態規定の新設などがあるが、ここでは緊急事態規定につい

て言及する。緊急事態については、独立した第9章を設けて国の新たな権限を規定し、日本に対する外部からの武力攻撃、社会秩序の混乱、地震等による自然災害などにおいて、総理大臣による緊急事態宣言が発せられたときは、国民が公的機関の指示に従わなければならないとして、有事における人権制限が想定されている。問題点としては、以下の点が指摘できよう[9]。

　まず、国家の非常事態権ないし緊急（事態）権は、憲法論的には、戦争・内乱・経済危機・大規模自然災害などに対し、執行権に権力を集中させ、国民・住民の人権を制限してでも、最終的には軍事力主導により行政や警察を運用して対処する権限を意味し、明治憲法では天皇の大権として容認されていたものである。

　しかし、戦後日本国憲法では軍事力の保持が否定されたことにより、通説では国家緊急事態権も否定されたと解されている。権力に都合のよい迅速な復旧・復興のために、住民の権利を制限する発想ではなく、憲法理念を生かして、被災者や避難住民の生命権、生存権、居住・移動権、財産権などを保障することが先決で、東日本大震災でも、緊急事態権を発動しなければ対処できないケースではなかった。

　改憲派は、軍事力としての自衛隊に対し、戦争などの有事事態と災害などを同時に対処させることを意図しているため、緊急事態権が必要になる。阪神大震災のときにも、例えば危機管理論のオピニオン・リーダーとされる佐々淳行氏などは、「地下鉄サリン事件や阪神大震災の教訓を生かして、自衛隊のための有事法制を定めることが為政者の仕事だ。有事の際の自衛隊出動のマニュアルを作れば、災害にも適用することができる。さらに……日本有事への対応を含めた自衛隊と米軍のための非常事態憲法をつくるべきだ」と述べていた。これは、日米新ガイドライン（防衛協力の指針）を踏まえ、東日本大震災にさいして実践された日米軍の「トモダチ作戦」をも想起させるものであるが、軍事力としての自衛隊を平時から災害救助隊に改組しておけば、緊急事態権は不要といえよう。

　憲法9条の改悪とセットになった緊急事態権の導入は、平和的生存権等の人権尊重や国民主権をも制約ないし侵害するものであり、現行憲法の立憲平和主

義と立憲民主主義を否定するものである。

V 改憲論議と立憲主義に関する若干の問題——むすびにかえて

　自民党の改憲草案に対する批判論として、当該草案が立憲主義を否定するものであるという見解が近年しばしば見聞されるが、それは、改憲草案が「権力を縛る憲法」を「国民を縛る憲法」に改悪し、本来的には保守主義的性格を有する立憲主義をも否定する「革命的」内容を提案していることによるものといえる。

　立憲主義とは、公権力が憲法に従った政治を行うことであるが、内容的には憲法の基本原理と最高法規性を遵守すること（「権力を縛る憲法」）を意味する。時代によって立憲主義の価値内容が、例えば立憲君主制から立憲共和制へ、あるいは立憲民主制へといった変化がみられるが、日本国憲法の基本原理・価値は、国民主権、基本的人権尊重主義、非武装平和主義（立憲主義との関係では立憲平和主義）であり、最高法規性の担保として、天皇を含む権力者の憲法尊重擁護義務、違憲審査制度（多数決的民主主義に対する少数者、人権保障など）、憲法改正の内容的制限と改正手続の厳格性などが制度化されている。

　日本国憲法では憲法の基本原理に沿った改正は可能だが、とりわけ歴史に逆行するような改悪は許されない（憲法改正の法的限界）。この場合、憲法の基本原理を内包する憲法前文や憲法96条の改悪も、現行憲法の立憲主義に反するといえよう。このような改憲論は、無原則的改憲（改正無限界論）論に立脚し、当該立憲主義を国民主権や民主主義（多数決）論を名目にして否定しようとしているが、国民主権の実現といえども、立憲主義を無視して行うことは、法的には「革命的」行為とみるほかはない。自民党の改憲草案のようなものが成立することになったとしても、それは新憲法の制定であり、現行憲法の改正憲法とはいえない（法的には違憲・無効とみることも可能）。

　1）　本章は筆者が近年の憲法情勢や改憲動向などについて、時宜に応じて執筆した諸論稿や講演をもとに整理したものである。2005年の自民党「新憲法草案」の詳細な批判的検

討については、澤野義一『平和主義と改憲論議』（法律文化社、2007年）で行っているが、そこで検討したことは、2012年の自民党「憲法改正草案」の検討にさいしても、基本的には変わらない。

　なお、本章に関する参考文献として以下のものをあげておくことにする。青井美帆『憲法を守るのは誰か』（幻冬舎ルネッサンス、2013年）、伊藤真『憲法は誰のもの？』（岩波書店、2013年）、上脇博之『日本国憲法 VS 自民改憲案』（日本機関紙出版センター、2013年）、奥平康弘・愛敬浩二・青井美帆編『改憲の何が問題か』（岩波書店、2013年）、小林節『白熱講義！ 日本国憲法改正』（KK ベストセラーズ、2013年）、「特集・自民党改憲案と憲法の危機」『法と民主主義』（日本民主法律家協会、2013年6月号）、樋口陽一『いま、「憲法改正」をどう考えるか』（岩波書店、2013年）、法律時報編集部編『「憲法改正論」を論ずる』（日本評論社、2013年）、山内敏弘『改憲問題と立憲平和主義』（敬文堂、2012年）、山内敏弘『「安全保障」法制と改憲を問う』（法律文化社、2015年）。

2) 澤野義一「抵抗権」大石眞・石川健治編『憲法の争点』（有斐閣、2008年）90-91頁。
3) 澤野義一「原発と憲法─原発違憲論の考察」『大阪経済法科大学 21世紀社会研究所紀要』4号（2013年）8頁。本書第1章参照。
4) 成嶋隆「教育基本法改正の流れと特徴」日本教育法学会編『教育基本法改正批判』（日本評論社、2004年）2頁以下。
5) 澤野義一「各国憲法の平和・安全保障方式と世界平和樹立の課題」憲法研究所・上田勝美編『平和憲法と人権・民主主義』（法律文化社、2012年）70頁以下。本書序章参照。
6) 澤野義一「原発と憲法─原発違憲論の考察」（前掲）10頁。
7) 憲法9条から永世中立が規範的に導き出せるという解釈については、澤野義一『永世中立と非武装平和憲法』（大阪経済法科大学出版部、2002年）235頁以下、同『平和憲法と永世中立』（法律文化社、2012年）27頁以下。本書第Ⅱ部参照。
8) 澤野義一『永世中立と非武装平和憲法』（前掲）266頁以下、同『平和主義と改憲論議』（前掲）134頁以下。
9) 澤野義一『平和主義と改憲論議』（前掲）213頁以下。
10) 立憲主義と国民主権ないし民主主義が両立するかどうかについては従来議論のあるところであるが、ドイツの議論については、澤野義一「戦後ドイツ国法学における主権論」『龍谷法学』15巻2号（1982年）22頁以下参照。

■著者紹介

澤野 義一（さわの よしかず）

1951年　石川県七尾市生まれ
1976年　立命館大学法学部卒業後、中京大学大学院修士課程・龍谷大学大学院
　　　　博士課程で憲法学を専攻
現　在　大阪経済法科大学法学部教授（法学博士）

［主要著書］
　『非武装中立と平和保障』（青木書店、1997年）
　『永世中立と非武装平和憲法』（大阪経済法科大学出版部、2002年）
　『入門　平和をめざす無防備地域宣言』（現代人文社、2006年）
　『平和主義と改憲論議』（法律文化社、2007年）
　『平和憲法と永世中立』（法律文化社、2012年）
　『日本社会と憲法の現在』（共編、晃洋書房、1995年）
　『平和・生命・宗教と立憲主義』（共編、晃洋書房、2005年）
　『総批判　改憲論』（共編、法律文化社、2005年）
　『無防備地域宣言で憲法9条のまちをつくる』（共編、自治体研究社、2006年）
　『新自由主義の総括と格差社会』（共編、いずみ橋書房、2009年）
　『テキストブック憲法』（共編、法律文化社、2014年）
　『北東アジアの平和構築』（共編、大阪経済法科大学出版部、2015年）

脱原発と平和の憲法理論
―― 日本国憲法が示す平和と安全

2015年11月3日　初版第1刷発行

著　者　澤野 義一（さわの よしかず）
発行者　田靡 純子
発行所　株式会社 法律文化社
　　　　〒603-8053
　　　　京都市北区上賀茂岩ヶ垣内町71
　　　　電話 075(791)7131　FAX 075(721)8400
　　　　http://www.hou-bun.com/

＊乱丁など不良本がありましたら、ご連絡ください。
　お取り替えいたします。

印刷：㈱冨山房インターナショナル／製本：㈱藤沢製本
ISBN 978-4-589-03703-9
©2015 Yoshikazu Sawano Printed in Japan

JCOPY 〈(社)出版者著作権管理機構 委託出版物〉
本書の無断複写は著作権法上での例外を除き禁じられています。複写される場合は、そのつど事前に、(社)出版者著作権管理機構(電話 03-3513-6969、FAX 03-3513-6979、e-mail: info@jcopy.or.jp)の許諾を得てください。

澤野義一・小林直三編
テキストブック憲法
A5判・208頁・2200円

憲法の基礎的かつ重要な事項・条文・判例、さらには、憲法情勢までをも平易かつ簡潔に紹介。教養科目の憲法を学ぶ学生にも、試験をめざす学生にも、軽すぎず重すぎずの学習しやすい1冊。

澤野義一著
平和憲法と永世中立
―安全保障の脱構築と平和創造―
A5判・228頁・4800円

平和憲法の理念を体現する永世中立論の現代的意義を理論的に整理のうえ、安全保障政策を非武装永世中立の観点から脱構築する道標を実証的に考察する。自治体平和政策や武力紛争の際の文化財保護にも言及。

澤野義一著
平和主義と改憲論議
A5判・308頁・6000円

1996年から2006年の間に議論された平和・安全保障と改憲をめぐる問題の全容を概観。単なる改憲論批判にとどまらず、9条に基づく平和創造を考える政策として「非武装永世中立」論と「無防備地域宣言」論を提言する。

山内敏弘著
「安全保障」法制と改憲を問う
A5判・260頁・4000円

新たな安全保障法制によって、日本は「戦争をする国」へと変わるのか。際限のない武力行使につながる一連の法整備、動向を検討するとともに、立憲平和主義の根幹を揺るがす明文改憲への動きについても批判的に考察する。

京都憲法会議監修／
木藤伸一朗・倉田原志・奥野恒久編
憲法「改正」の論点
―憲法原理から問い直す―
A5判・178頁・1900円

「自民党憲法改正草案」を中心に昨今の改憲動向を概観のうえ、憲法の基本原理から改憲論を批判的に問い直す。改憲論における論点だけでなく明文改憲の動向も含め包括的に検討し、憲法理念の礎と憲法擁護運動の道標を提示する。

―法律文化社―

表示価格は本体(税別)価格です